Haltung

Alexander Gutzmer

Haltung

Warum die Wirtschaft mehr davon braucht – und die Architektur sie schon hat

Alexander Gutzmer
Kommunikation und Medien
Quadriga Hochschule
Berlin, Deutschland

ISBN 978-3-658-30286-3   ISBN 978-3-658-30287-0 (eBook)
https://doi.org/10.1007/978-3-658-30287-0

Die Deutsche Nationalbibliothek verzeichnet diese Publikation in der Deutschen Nationalbibliografie; detaillierte bibliografische Daten sind im Internet über http://dnb.d-nb.de abrufbar.

© Springer Fachmedien Wiesbaden GmbH, ein Teil von Springer Nature 2020
Das Werk einschließlich aller seiner Teile ist urheberrechtlich geschützt. Jede Verwertung, die nicht ausdrücklich vom Urheberrechtsgesetz zugelassen ist, bedarf der vorherigen Zustimmung des Verlags. Das gilt insbesondere für Vervielfältigungen, Bearbeitungen, Übersetzungen, Mikroverfilmungen und die Einspeicherung und Verarbeitung in elektronischen Systemen.
Die Wiedergabe von allgemein beschreibenden Bezeichnungen, Marken, Unternehmensnamen etc. in diesem Werk bedeutet nicht, dass diese frei durch jedermann benutzt werden dürfen. Die Berechtigung zur Benutzung unterliegt, auch ohne gesonderten Hinweis hierzu, den Regeln des Markenrechts. Die Rechte des jeweiligen Zeicheninhabers sind zu beachten.
Der Verlag, die Autoren und die Herausgeber gehen davon aus, dass die Angaben und Informationen in diesem Werk zum Zeitpunkt der Veröffentlichung vollständig und korrekt sind. Weder der Verlag, noch die Autoren oder die Herausgeber übernehmen, ausdrücklich oder implizit, Gewähr für den Inhalt des Werkes, etwaige Fehler oder Äußerungen. Der Verlag bleibt im Hinblick auf geografische Zuordnungen und Gebietsbezeichnungen in veröffentlichten Karten und Institutionsadressen neutral.

Grafik Covermotiv: Lukas Großmann

Planung/Lektorat: Rolf-Guenther Hobbeling
Springer ist ein Imprint der eingetragenen Gesellschaft Springer Fachmedien Wiesbaden GmbH und ist ein Teil von Springer Nature.
Die Anschrift der Gesellschaft ist: Abraham-Lincoln-Str. 46, 65189 Wiesbaden, Germany

Vorwort: Fabienne Hoelzel

Haltung zeigen – das klingt gut, richtig und relevant. Und es ist wirklich ein zentrales politisches Thema, gerade auch dieser Tage. Insofern ist dieses Buch von Alexander Gutzmer ein wichtiger Baustein in einer notwendigen, breiten gesellschaftlichen Debatte. Der Autor zeigt anhand konkreter Cases auf, wie viele unterschiedliche Facetten dieses „Haltung zeigen" haben kann. Und er verweist darauf, dass Architektinnen und Architekten anderen gesellschaftlichen Akteuren in diesem Bereich vielleicht einen kleinen Schritt voraus sind. Insofern ist es ein interessantes Gedankenspiel, die Haltungen bekannter Baumeister daraufhin zu untersuchen, ob sie Verallgemeinerbares für die Gesellschaft als Ganze bereithalten.

Wie aber kommt ein Architekt zu einer Haltung? Wie kommt man zu den Werten, die vermutlich einer Haltung zugrunde liegen müssten? Unter der Prämisse, dass Architektur und Städtebau immer politisch sind, könnte man argumentieren, dass die Haltung der Architektin oder der Städtebauerin in der Fachdisziplin zunächst einer übergeordneten oder vorgelagerten Haltung bezüglich politischer, sozialer, gesellschaftlicher und möglicherweise spiritueller Aspekte bedarf.

„Ich bin, weil du bist", besagt ein bekanntes afrikanisches Sprichwort. Eine vermeintlich einfache Weisheit, die es aber in sich hat. Die konsequente Ausrichtung des Handelns auf das Gegenüber, wer auch immer das sein mag, wäre demnach die Grundlage für das (Zusammen-) Leben schlechthin, wiederum basierend auf Werten wie Gemeinschaft, Würde, Gastfreundschaft und Uneigennützigkeit. Möglicherweise gibt oder könnte es so etwas wie einen „third way" oder „African way" geben. Felwine Sarr unternimmt mit „Afrotopia" den Versuch, eine solche Perspektive mit den entsprechenden Werten zu skizzieren (Sarr 2019).

Unsere westliche Gesellschaft hingegen ist effizienzgesteuert, ist technologisiert, und sie vermisst gerne – je nach Lesart befinden wir uns in der dritten oder vierten Phase des modernen Projekts. Daten und Statistiken sind hierfür die Grundlage und das Resultat – und auch so etwas wie eine neue Religion geworden. Gegen einen maßvoll-skeptischen, also weisen Umgang mit den beiden Erstgenannten ist bestimmt nichts einzuwenden. Wenn diese aber zu den Werten werden, die unser Zusammenleben beschreiben, haben wir vermutlich ein Problem. Statistiken definieren dann, wer (zu) alt, (zu) krank, (zu) arm oder (zu) dick ist; sie definieren also, wer ein würdiges Leben führt und wer ein erbärmliches. Die Einteilung von Menschen in vermessbare und digitalisierte Einheiten schafft die Grundlage für eine universelle Differenzierung und führt damit implizit oder explizit zu einer Geisteshaltung, wie sie etwa zu Zeiten des Kolonialismus üblich war. Menschen werden in Kategorien eingeteilt, damit sie besser unterschieden und in der Folge herabgesetzt oder erhöht werden können.

Die einseitige Fixierung auf den technologischen Fortschritt führt dazu, dass wir uns in hochspezifische Dimensionen flüchten, um den eigentlichen Fragen, die uns das Leben stellt, auszuweichen. So ist etwa kaum zu bestreiten, dass die Autos in den letzten Jahren emissionsärmer und ressourcenschonender geworden sind, dem Fortschritt sei Dank. Allerdings werden sie auch immer schwerer und größer, was wiederum zu einer Erhöhung des Schadstoffausstoßes führt. Das heißt: Die Komfort- und Sicherheitsansprüche des Einzelnen führen zu moralischen Problemen, nämlich zu der eigentlichen Frage, ob wir als Deutsche das Recht haben, jedes Jahr vier bis sechs Planeten an Ressourcen zu verbrauchen, um unseren Lebensstandard und unseren Wohlstand auf Pump zu finanzieren.

Aber diskutieren wir dies? Kaum. Wir verweigern uns vielmehr der moralischen Dimension unseres Handelns fast vollständig. Wir glauben, wir hätten ein Recht auf eine geheizte Vierzimmerwohnung, auf ein großes Auto, auf Weihnachtsferien in der Karibik und auf wöchentlich Shrimps aus Thailand. Dem ist aber nicht so. Wir haben vergessen, dass wir auf diesem Planeten nur zu Besuch sind.

Und hier beginnt, könnte man sagen, Haltung. Entwickelt man, als Architektin, Stadtplanerin oder Politikerin, diese, so steht am Beginn die Erkenntnis: Es gibt kein Recht auf gar nichts. Aber es gibt eine Pflicht – die nämlich, Verantwortung zu übernehmen und sich zu engagieren für den Nächsten oder die Nächste, wer auch immer das sein mag – die Mutter, die Nachbarin, die Bäuerin in Mali. Das Schicksal der Letztgenannten geht uns in einer globalisierten Welt genauso viel an wie das Schicksal der Bäuerin in Bayern.

Deutschland hat aufgrund seines Wohlstands, der Größe seiner Volkswirtschaft und dem damit einhergehenden, erwähnten Ressourcenverbrauch eine besondere Verantwortung in der Gemeinschaft der Völker dieser Erde. Gleichzeitig ist die menschliche Existenz in der westlichen säkularisierten Gesellschaft fragil geworden, einem Kartenhaus gleich, dem gleichermaßen ein innerer Kern fehlt. Diese innere Leere kann auch nicht durch Ferien, Autos, Häuser und Yoga gefüllt werden. Irgendwann wird sich jede und jeder von uns fragen (müssen), ob wir die richtigen Dinge tun und ob wir die Dinge, die wir tun, richtig tun.

Vor dem Hintergrund der genannten Aspekte, angesichts der drohenden Klimakatastrophe, unserer auf Konsum und Komfort getrimmten westlichen Gesellschaften sowie des diffus irgendwo im Innern herrschenden Unbehagens, könnte es sich lohnen, sich eingehender mit jenen Gemeinschaften und Regionen dieser Welt zu beschäftigen, von denen wir gemeinhin glauben, ihnen helfen zu müssen, weil sie laut Statistiken ein ärmliches, bedauernswertes oder gar „rückständiges" Leben führen. Aber vielleicht sollten wir erst mal genauer hinschauen. Das könnte aus zwei Gründen lehrreich sein.

Zum einen wird das Teilen von Dingen, im aktuellen Mobilitätsdiskurs in Deutschland und anderswo auch „pooling" genannt, seit vielen Jahrzehnten und traditionell in Ländern südlich der Sahara praktiziert. Die weitgehende Absenz des Staates oder die Unfähigkeit desselben, eine funktionsfähige Infrastruktur bereitzustellen, führt dazu, dass die Menschen erfinderisch werden und sich gegenseitig unterstützen. In vielen Städten dieser Weltregion gibt es weder ein öffentliches Verkehrssystem, wie es etwa in Deutschland üblich ist, noch eine Infrastruktur, die eine extensive Verbreitung des individualisierten Verkehrs zulassen würde. Also wird geteilt – und zwar auf der Basis der Gemeinschaft, nicht auf Basis irgendwelcher Apps, Internetplattformen und Technologien.

Was uns hier gelehrt wird, ist, dass den Schwächen und Mühsalen der menschlichen Existenz nur mit Menschlichkeit begegnet werden kann, nicht mit Technologie. Uber, ein an den Aktienmärkten hoch bewertetes Unternehmen, ist eins zu eins, natürlich auf einer rein technisch-kapitalistischen Ebene, eine Kopie afrikanischer Mobilitätsprinzipien in Ländern südlich der Sahara. Vermutlich aber sind Uber und Co. nicht die „Lösung" der Mobilität der Zukunft – schon alleine deswegen nicht, weil sie absurderweise zu mehr Autos auf den Straßen führen und nicht zu weniger, von den prekären Arbeitsverhältnissen ganz zu schweigen. Es handelt sich eben nur um eine rein „technische" Lösung. Oder wie es der Architekt Cedric Price bereits 1966 provokativ und aktueller denn je formulierte: „Technology is the answer, but what was the question?"

Zum anderen ist die Betrachtung dieser Weltregionen eine Lektion darin, dass Städte und Gemeinschaften auch ohne Planung (und damit Vorhersehbarkeit) funktionieren. Das deutsche Auge wird natürlich in erster Linie Chaos und nicht funktionierende staatliche Institutionen identifizieren, also Unwägbarkeiten auf der ganzen Linie. Und dennoch funktionieren diese Städte irgendwie und noch nicht einmal schlecht. Der sogenannte informelle Sektor hält diese Städte am Laufen, Menschen also – nicht Systeme.

Menschen, nicht Systeme sind in gewisser Weise auch Ausgangspunkt dieses Buches von Alexander Gutzmer. Er sucht nach Modellen für eine gesellschaftlich relevante

Ausprägung von Haltung bei konkreten architektonischen Akteuren. Bei Alejandro Aravena, Lina Bo Bardi oder Rem Koolhaas. Die Haltungen im Einzelnen sind sehr unterschiedlich. Aber genau das eint sie auch wieder: Sie sind klar voneinander unterscheidbar. Sie sind prägnant. Und sie sind grundsätzlich anschlussfähig auch für andere gesellschaftliche Akteure. Wie diese Abschlüsse funktionieren können, dazu gibt dieses Buch wertvolle Hinweise.

Fabienne Hoelzel lehrt als Professorin für Entwerfen und Städtebau in der Fachgruppe Architektur der Staatlichen Akademie der Bildenden Künste Stuttgart. In der Hochschulpolitik ist sie außerdem als Mitglied des Senats aktiv. Daneben unterhält sie ihr eigenes Architekturbüro „Fabulous Urban".

Literatur

Sarr, F. (2919). *Afrotopia*. Berlin: Matthes und Seitz

Danksagung

Dieses Buch ist nur zum Teil das Resultat einer strategisch geplanten, konzisen Recherche. Es ist zumindest zu gleichen Teilen schlicht das Resultat vieler Diskussionen mit mir bekannten Architektinnen und Architekten. Diskussionen, die ich während meiner knapp zehn Jahre als Chefredakteur der Architekturzeitschrift Baumeister führen durfte. Im Zuge dieser Diskussionen hat mich immer wieder beeindruckt, wie die Chefs großer Architekturbüros, unter ihnen manche „Stararchitekten", wie aber genauso auch junge Architektinnen, die frisch von der Uni kommen, sich immer wieder dem großen Ganzen widmen. Wie sie Gesellschaft verbessern wollen. Als Architektin oder Architekt versteht man, wohl auch schon durch das Studium vermittelt, dass alles mit allem zusammenhängt. Ein Gebäude kann Stadtkultur prägen und gesellschaftliche Prozesse verändern. Architekten haben folgerichtig eine gesellschaftliche Verantwortung – und nehmen diese, zumindest gedanklich, auch an.

Dies war die Basis für dieses Buch. Es versucht, eine Brücke zu schlagen zwischen der architekturdiskursiven Binnenwelt und den ganz großen gesellschaftlichen Fragen. Es ist insofern auch ein Versuch in analytischer Komplexitätsforschung. Eine solche Forschung ist dieser Tage nötiger denn je. Während ich diese Zeilen schreibe, befindet sich unsere Gesellschaft in einem corona-induzierten Kollektiv-Shutdown. Die Corona-Pandemie führt uns gerade vor, wie inhärent verbunden die Elemente unserer globalisierten Welt aufeinander wirken. Dies mag einen in der Netzwerk-Theorie geschulten Sozialwissenschaftler nicht gerade überraschen. Die Drastik, mit der Corona gerade unsere Weltsysteme aus den Angeln hebt, überrascht und schockiert dann aber doch.

Eine Lösung für die momentane Corona-Krise bietet dieses Buch nicht an. Es ist aber zumindest eine Auseinandersetzung mit einem Phänomen, das seinerseits auch in eine coronatechnisch veränderte Realität passt: die Haltung – Haltung von Architekten, von Unternehmen, von jeglichen gesellschaftlichen Akteuren. „Haltung" ist wichtig, gerade auch in der Krise. Und auch in Zeiten radikaler Unsicherheit gebe ich die Hoffnung nicht auf, dass Gesellschaft, so wie wir sie verstehen, grundsätzlich doch fortschrittsfähig ist – auch wenn es sicher zu überdenken gilt, was genau wir unter Fortschritt verstehen. Aber auch dazu braucht es Haltung.

Um diese Haltung auszuprägen, ist mehr nötig als individuelles Großsprechertum. Es braucht die Bereitschaft und Fähigkeit zur Kollaboration. Dass diese gesamtstrukturell stärker denn je gefordert ist, führt uns Corona gerade vor. Auch dieses Buch ist im Kleinen das Resultat vieler Kollaborationen. Zum einen ist natürlich jedes der oben erwähnten Gespräche mit Architektinnen und Architekten eine situative Kollaboration. Zum anderen aber haben mir auch manche kreativen Köpfe beim Entstehen dieses Buches mitgeholfen. Die Gespräche mit meinen publizistischen Kollegen Mark Kammerbauer, Anja Koller und Alexander Russ und haben mir geholfen, die Idee des Buches zu schärfen. Jessica Mankel unterstützte mich bei der Suche nach passenden Bildern. Rolf-Guenther Hobbeling von Springer half mir auch dieses Mal wieder, das Projekt in die richtigen Bahnen zu bringen. René Seidenglanz, Präsident der Quadriga-Hochschule, versteht meine mitunter vielleicht etwas unkonventionellen Ansätze, über Kommunikation nachzudenken. Ihnen allen danke ich.

Und dann ist da noch meine Familie. Almut, Emil, Ihr inspiriert mich, und Ihr ertragt meine gelegentlichen Stimmungsschwankungen, wenn der Schreibfluss mal ins Stocken gerät. Ohne Euch würde ich nicht schreiben. Ich danke Euch!

Alexander Gutzmer

Inhaltsverzeichnis

1 Haltung – Konsequenz, Integrität, Trennschärfe   1

2 Ludwig Mies van der Rohe: Affirmation der Metropole   19

3 Philip Johnson: Embrace the Image!   39

4 Lina Bo Bardi: Widersprüche aushalten, mit Widersprüchen bauen   53

5 Christian Norberg-Schulz: Fetisch und Produktivität des Genius Loci   71

6 Rem Koolhaas: Bigness, Ambiguität und architektonische Wehrhaftigkeit   87

7 Zaha Hadid: Form der Zeit   107

8 Alejandro Aravena: Wie man die Ästhetik der
   Lücke aushält   129

9 Statt eines Nachwortes – Interview mit
   Tatjana Schneider (Universität Braunschweig)
   über Haltung (in) der Architektur   147

Über den Autor

Alexander Gutzmer Der Publizist, Kultur- und Wirtschaftswissenschaftler Alexander Gutzmer beschäftigt sich viel mit der gesellschaftlichen Rolle von Architektur und Stadtraum. Gutzmer ist Professor für Medien und Kommunikation an der Berliner Quadriga-Hochschule sowie Director Marketing & Communication beim Münchner Immobilienentwickler Euroboden. Zehn Jahre lang war er zuvor Chefredakteur des Architekturmagazins Baumeister und Editorial

Director im Münchner Callwey-Verlag. Gutzmer studierte in London Cultural Studies und in Berlin Betriebswirtschaft. Am Goldsmiths College der University of London wurde er mit einer Arbeit über die kulturelle Rolle von Markenräumen promoviert.

Abbildungsverzeichnis

Abb. 2.1	*Seagram Building*	26
Abb. 2.2	Öffentlicher Raum vor dem *Seagram*	27
Abb. 3.1	Philip Johnson, hier mal ohne seine ikonische Schwarzbrille	42
Abb. 3.2	Die Spitze des *AT&T-Towers* im Hochhäusermeer Manhattans	45
Abb. 4.1	Das *MASP* in São Paulo	57
Abb. 6.1	Rem Koolhaas, fotografiert von seiner Tochter Charlie Koolhaas	91
Abb. 6.2	Der *CCTV-Tower* in seiner Entstehung	96
Abb. 7.1	Zaha Hadid	110
Abb. 7.2	*Peking Daxing International Airport* von Zaha Hadid Architects	115
Abb. 8.1	Alejandro Aravena	132
Abb. 8.2	Finish-it-yourself-Architektur in Chile	135

1

Haltung – Konsequenz, Integrität, Trennschärfe

Zusammenfassung Dieses Kapitel legt die konzeptionelle Grundlage für die nachfolgende Argumentation. Es wird erläutert, weshalb die Architektur einen spannenden Referenzrahmen für eine Erweiterung des Konzeptes „Haltung" bieten kann. Das Verhältnis von Architektur und Gesellschaft, in dem sich Haltung konkretisiert, wird dabei als noch nicht umfassend untersucht dargestellt. Drei unterschiedliche Begriffsdimensionen von Haltung werden im Folgenden aufgefächert: Haltung als Konsequenz im Handeln, als moralische Integrität und als eigene, trennscharfe Position.

Zwei Meldungen zum Thema Haltung aus den letzten Monaten: Die BILD-Zeitung, Deutschlands Postille für die gepflegte Andickung gesellschaftlicher Befindlichkeit, befasst sich aus Anlass von dessen Tod mit dem Schlagersänger Karel Gott. „Ein Mann mit Haltung und Höflichkeit", so die

Überschrift. „Haltung und Höflichkeit sind ihm wichtig", heißt es im Text. Karel Gott „öffnet einer Dame generell die Tür, ist großzügig", so sichtlich beeindruckt der Autor Volker Tackmann (2019). Offenbar ist für ihn „Haltung" vor allem ein Prozess medial vermittelbarer Galanterie, ein Stück Lackschuh und Smoking.

Ein Jahr früher hat sich bereits der Theologe Gregor Etzelmüller (2018) mit dem Thema Haltung befasst. Unter der Headline „Was ist evangelische Haltung" geht er der Frage auf den Grund, ob es möglich und sinnvoll ist, eine spezifisch evangelische Haltung aus den Evangelien herauszulesen. Er bejaht dies und kommt auf besondere Parameter, die tatsächlich eine evangelische Haltung erkennbar werden lassen. Er greift dabei, wenig überraschend, mit seinem theologischen Ansatz recht fundamental anders auf das Konzept Haltung zu als der Boulevardjournalist Tackmann.

Dennoch – Boulevard und Kirchendeutung scheinen beide Gefallen am Konzept Haltung gefunden zu haben. Und das eint sie mit vielen anderen publizistischen Feldern und gesellschaftlichen Akteuren. „Haltung" ist en vogue. In politisierten Zeiten wie den unseren scheint die Frage nach Haltung dem Bedürfnis nach einem Stück festem Boden zu entsprechen. Einem Bedürfnis, das die sich sozialmedial oft eher boden- und niveaulos anranzenden, medial hyperaktiven Parteien gern unter ihren Füßen hätten. Womöglich suchen sie nach Haltung, um auf dieser Basis umso selbstsicherer die jeweils eigene Weltsicht zu vertreten. Doch Haltung ist auch eine Forderung an unterschiedlichste gesellschaftliche Akteure (wobei *Akteur* hier im Sinne der Akteur-Netzwerk-Theorie nicht ausschließlich personenbezogen verstanden wird). Alle institutionellen oder personalen Mitspieler im großen Spiel der sozialmedial verhandelten öffentlichen Meinung sind heute gefordert, dies nur noch auf Basis einer definierten Haltung

1 Haltung – Konsequenz, Integrität, Trennschärfe

zu tun. Die Forderung nach Haltung, so scheint es, ist zunehmend das Einzige, was unserer der permanenten Desintegration ausgesetzten Gesellschaft noch Halt gibt. Die Gesellschaft will, dass Politiker, Sportler, Unternehmen eine Haltung aufweisen und dieser gemäß agieren. Wir haben Haltung, also sind wir (überhaupt noch).

Nicht zuletzt auch im Bereich der Unternehmensführung und ihrer nach außen gerichteten Kleinschwesterdisziplin, der Unternehmenskommunikation, hat die Forderung nach Haltung sich mittlerweile einigen Raum verschafft. Kaum eine Tagung zu PR, auf der nicht mit großer Geste dieser oder jener Referent die Forderung nach Haltung formuliert oder nach ihrem Parallelkonzept, der unternehmerischen „Purpose". Unternehmen lieben die Vorstellung, sie hätten eine Haltung. Und ihre Berater umso mehr. Mit beträchtlichem Pomp fechten momentan in meinen persönlichen sozial-medialen Filterblasen PR- und Werbeberater reichlich haltungsbezogene Diskurse aus. Das mag damit zu tun haben, dass ich schlicht so manchen leitenden Mitarbeiter aus der Welt der Werbe- und PR-Agenturen kenne. Es mag aber auch einer inhärenten Haltungs-Sehnsucht in eben dieser Szene geschuldet sein. Mit gravitätischem Weltrettergestus tragen daher für mich in Sozialen Medien sichtbar die Chefs großer Agenturen ihre Haltung und die ihrer Firmen beziehungsweise ihrer Kunden nach außen. Meist handelt es sich dabei natürlich um risikolose kommunikative No-Brainer wie die eigene Positionierung „gegen rechts". Mit dieser „Haltung" hat mit Sicherheit noch nie eine Agentur einen Kunden verloren. Insofern scheinen hier doch jobimmanent an Haltungsmangel leidende Kommunikationsberater das Erlebnis zu genießen, auch mal zu den moralisch Guten oder zumindest Relevanten zu gehören.

Doch auch in der akademischen Fachliteratur ist das unternehmerische Bedürfnis nach Haltung inzwischen angekommen. Auch hier ist die Managementliteratur recht weit vorne mit dabei. Erste Bücher versuchen, Haltung zu systematisieren und daraus idealerweise auch Handlungsanweisungen für Unternehmen oder andere Organisationen abzuleiten. Der Autor und Lobbyist Christian Thams (2019) beispielsweise entwickelt in einem Fachbeitrag über die politische Dimension von Marken eine Systematisierung dafür, wie Marken eine politische Haltung entwickeln können. Drei Trends hätten Unternehmen dabei zu berücksichtigen: a) Politisierung und Polarisierung der Öffentlichkeit, am sichtbarsten im erstarkenden Populismus; b) Digitalisierung und Social Media und ihr Einfluss auf Gesellschaft und Kommunikation; zudem c) Internationalisierung und Globalisierung, die ein komplexes Umfeld für Werte und Haltungen von Unternehmen schaffen. Auf Basis dieser Entwicklungen müssten – und könnten – Unternehmen, so Thams, zu einem reflektierten strategischen Umgang mit dem Thema Haltung gelangen.

Drei Leitfragen gelte es dabei zu beantworten: a) Welche Auswirkungen hat eine Positionierung auf Business und Reputation des Unternehmens? b) Wie passt sie zu den Werten und dem Selbstverständnis des Unternehmens sowie zur Gesellschaft? Und c) Wie werden die Menschen innerhalb und auch außerhalb des Unternehmens die Positionierung bewerten? Würden diese Fragen adäquat beantwortet, so sei es doch ein Leichtes, eine haltungsbezogene Positionierung auf Basis eines strukturierten Prozesses von der Themenanalyse und -festlegung bis zur Evaluation zu entwickeln.

Aber ist das wirklich so leicht? Hier würde ich gern ein deutliches Fragezeichen setzen. Ist Haltung wirklich etwas, das wie ein neues Automodell in einem strategisch organisierten Innovationsprozess von null auf „entwickelt" werden kann? Auch wenn die oben angesprochenen Berater es nicht gerne lesen – ich halte für fraglich, ob eine Haltung das Ergebnis eines beratergemanagten Selbstvergewisserungsprozesses von Unternehmen sein kann. Braucht Haltung nicht viel mehr das Subjektive, das nicht Gemanagte, um auch nur im Mindesten authentisch zu wirken? Wird Haltung nicht erst da spannend, wo sie strategischen Managementvorgaben diametral entgegenläuft? Wo sie aneckt, provoziert und vielleicht auch zu Positionen führt, die im diskursiven gesellschaftlichen Kontext überraschend, kontrovers, vielleicht auch schwer nachzuvollziehen wirken? Hat Haltung nicht vielleicht auch etwas mit Kreativität, Grenzüberschreitung, ja vielleicht sogar Kunst zu tun? Muss Haltung nicht „weh tun"?

Es wird den geneigten Leser wenig überraschen – in genau diese Richtung wird dieses Buch argumentieren. Genau hier liegt womöglich auch sein Innovationspotenzial. Es verfolgt das Ziel, den an sich spannenden Ansatz der Haltung weiterzudrehen und ihn aus der oben beschriebenen Komfortzone der Haltungsrhetoriker in Agenturen und Unternehmenszentralen herauszuholen. Es gilt, das Verständnis von Haltung als bloßes Feel-good-Konzept für Selbstbestätigung suchende Manager zu unterminieren und ihm eine Kraft zu geben, die es erst dann hat, wenn es wirklich etwas für die Organisationswelt im 21. Jahrhundert Neues bietet. Hierfür, so meine These, braucht es einen Bezugsrahmen, der einen Begriff von Haltung entwickelt, welcher über den Beraterkontext hinausweist. Dieser sollte Haltung schon gedacht haben, als diese noch keine Modevokabel für gefühlige Managementtexte war. Das Resultat sollte ein Konzept von Haltung sein, welches diese nicht nur als abstrakt moralische, sondern auch als gestalterische und gestaltungsorientierte Wertedimension denkt.

Ringen um Haltung

Diesen Bezugsrahmen liefert in meinem Buch die Architektur. Ich möchte die Architektur als unternehmensexternen Bezugsrahmen heranziehen, um den Haltungsbegriff noch einmal neu zu denken, ihn quasi konzeptionell auf null zu setzen. Die Architektur dient mir als analytischer Sparringspartner bei dem Versuch, Dimensionen festzulegen, in denen sich Haltung niederschlagen kann. Mit der Architektur ziehe ich dabei einen gesellschaftlich-kulturellen Aktionsbereich heran, der zwar einerseits als haltungskompetent gelten kann, der aber andererseits mit den strategischen Grundfragen der real existierenden Unternehmenswelt wenig zu tun hat – und der daher im Zweifel auch nicht detailliert darüber im Bilde ist, dass momentan überhaupt flächendeckend von großen Unternehmen und anderen gesellschaftlichen Institutionen Haltung eingefordert wird.

Haltung, das ist ein Begriff, mit dem Architekten umzugehen gewöhnt sind – weil sie ihn nämlich schon seit Jahrzehnten verwenden, um eine spezifische Wertdimension in der Architektur auszudrücken. Architekten suchen nach einer eigenen Haltung. Sie ringen um ihre Haltung. Gute Architektur wird im fachdiskursiven Kontext als haltungsträchtige Architektur gesehen. Gute Architektur hat Haltung, gute Architekten haben Haltung, gute Gebäude sind Träger und Zeichen einer architektonischen Haltung (siehe etwa Haimerl 2019).

Wobei – die Prominenz des Konzeptes Haltung im architektonischen Binnendiskurs ist eigentlich überraschend. Denn Haltung bedeutet ja, dass die Architektur auf die Welt jenseits ihrer selbst zugreift. Dass sie das tut, ist zunächst nicht selbstverständlich. Schließlich sieht sich die Architektur als eigene Profession. Sie agiert, in der Terminologie der Luhmannschen Systemtheorie gesprochen, wie ein eigenes soziales System. Und das bedeutet systemtheoretisch

1 Haltung – Konsequenz, Integrität, Trennschärfe

auch, dass man sich vor allem mit sich selbst beschäftigt und vor allem den eigenen Regeln und Codes folgt. Doch es scheint im Wesen des sozialen Systems Architektur zu liegen, auch das eigene Verhältnis zur Umwelt immer wieder zu thematisieren und zu hinterfragen. Die Architektur will – auch – in ihrer „Umwelt" wirken, will auf diese Einfluss nehmen. Sie will diese mit einer eigenen Haltung oder eigenen Haltungen „verbessern".

Diese Haltung, diese Haltungen versucht dieses Buch zu suchen und vor allem außerhalb des klassischen architektonischen Kontextes sicht- und nutzbar zu machen. Es geht, einfach formuliert, darum, zu analysieren, was sich außerhalb der Welt der Konstruktion einzelner Gebäude vom architektonischen Begriff der Haltung „lernen" lässt, wie dieser womöglich Akteure jenseits der Architekturwelt inspirieren kann. Es soll aufgezeigt werden, dass der architektonische Haltungsbegriff so breit, so radikal ist, dass er die vielen momentan nach einer eigenen Haltung suchenden gesellschaftlichen Akteure bereichern und ihnen Handlungsoptionen aufzeigen kann. Umgekehrt soll es aber auch darum gehen, mit Bezug auf unterschiedliche architektonische Haltungen unser Konzept von Haltung insgesamt zu schärfen und auch jene rhetorischen Blasen zu identifizieren, die entstehen, wenn Unternehmen oder andere Organisationen sich „Haltung" auf die Fahnen schreiben, letztlich aber nichts weiter betreiben als Imagebildung in eigener Sache oder Themensurfing im Dienste der strategisch steuerbaren organisationalen Reputation. Es geht darum, besser zu verstehen, wann etwas „Haltung" ist, was diese sein kann – und was sie nicht ist und niemals sein wird.

Nun hantiere ich, diesem Ansatz folgend, natürlich mit einem Konzept herum, das einen gewissen Abstraktionsgrad aufweist und ja offenbar auch in seiner vielfältigen gesellschaftlichen Verwendung durchaus (noch) einigermaßen schillernd ist. Wäre es also nicht angeraten, erst mal gut wissenschaftlich mit einer Definition zu starten? Interessant zunächst: Das ist gar nicht so einfach. Der Begriff Haltung ist zwar grundsätzlich gut definiert, etwa wenn der Duden schreibt, es handele sich um eine innere Grundeinstellung, die jemandes Denken und Handeln prägt. Doch im überindividuellen Kontext werden die Haltungskonzepte unscharf. Und auch personenbezogen ist die Sache so eindeutig nicht. Die Erziehungswissenschaftlerinnen Iris Clemens und Theresa Vollmer (2019) etwa haben kürzlich in einem Vortrag die „problematische Definition von Haltung" thematisiert und diese in ein Spannungsfeld zwischen die Termini Oszillation, Iteration und Stil gesetzt.

Ihr netzwerktheoretischer Zugang hob (in einem primär erziehungswissenschaftlichen Kontext) darauf ab, dass Haltung natürlich etwas mit verlässlichen, wiederkehrenden Mustern zu tun hat, die eine (angenommene, zugeschriebene oder erhoffte) Kontinuität und Eindeutigkeit in Aktionsabläufen erzeugen. Haltungen werden danach Akteuren zugeschrieben. Haltung solle man haben oder zeigen, notfalls sich „dazu durchringen". Wichtig dabei: Haltung habe, anders als der neutral anmutende Begriff der Einstellung, noch eine eher positive Konnotation, was sicherlich von der Herkunft des Begriffes aus einer Zeit, in der auch äußerliche Haltung gesellschaftlich entscheidend war, herrühre.

Haltung als Moment der Körperlichkeit

Und: Haltung ist nicht rein innerlich, sondern hat eine körperliche Komponente. Für Clemens und Vollmer ist nicht zuletzt das Zusammenspiel von körperlichem Verhalten und „innerer" Einstellung wichtig. Haltung hat man, Haltung zeigt man aber auch. In der Sozialwissenschaft haben Konzepte wie Habitus auch diese körperliche

Dimension aufgegriffen und verweisen stark auf die Kontextualisierung, die soziale Einbettung von Aktionsmustern und auf die Bedingungen der Möglichkeiten ihres Entstehens. Es geht dann vor allem darum, wann und wie, also unter welchen Bedingungen Aktionen zu wiederkehrenden Aktionsmustern werden.

Dieser aus einem erziehungswissenschaftlichen Kontext herrührende Ansatz zur Problematisierung, aber auch zum besseren Verständnis von Haltung lässt sich durchaus auf unseren weniger psychologischen Kontext übertragen. Das heißt: Haltung ist zunächst innerlich, äußert sich aber physisch. Das passt ja eigentlich zu einem Buch, dessen Ausgangspunkt die Suche nach Mustern von Haltung in der Architektur, also im physischen Raum ist. Weil Haltung etwas mit physischem Ausdrücken, mit räumlichen Positionen zu tun hat, ist die Kategorie für die Architektur interessant. Doch auch im originär architektonischen Kontext ist eine klare Definition architektonischer Haltung bisher kaum zu finden. Der Blick in die Fachliteratur trägt kaum Früchte, und auch eine Umfrage bei mir bekannten Autoren und Kritikern aus dem Feld der Architektur blieb überraschend ergebnislos. Jeder versteht einigermaßen, wie man den Begriff Haltung in der architektonischen Debatte anwenden kann, und entsprechend häufig wird er angewendet. Kaum eine architektonische Gastkritik an Architekturlehrstühlen vergeht, ohne dass dieser oder jener Studierenden eingeimpft worden wäre, sie solle sich nochmal intensiver mit der eigenen Haltung auseinandersetzen. Aber eine klare Definition hat keiner. Auch in der Fachliteratur, die junge Architekten auf das Bauen in einer Haltung fordernden Welt vorbereiten soll, wird man nicht fündig. Haltung wird anhand konkreter Projekte gelehrt, aber nicht im Sinne einer begrifflichen Grundlagenbildung einheitlich vermittelt.

Und vielleicht ist das ja auch Absicht oder zumindest ein Stück Selbstoptimierung der Disziplin. Vielleicht liegt der Grund für die gewisse Schwammigkeit im Umgang mit diesem Konzept auch darin, dass gerade diese zu einem höheren Maß an praktischer Applikationsfähigkeit führt. Wenn Haltung sich letztlich immer auch in der konkreten Praxis zeigt, so ist es vielleicht für die Haltung suchende Architektin oder Architekten angenehmer, an ihrer/seiner Haltung zu arbeiten (dies durchaus ernsthaft und ohne eine plumpe Vereinnahmung des Begriffes für jedwedes entwurfliche Erzeugnis), ohne sich durch eine allzu rigide Definition von vornherein kreativ gängeln zu lassen. Anders herum ermöglicht gerade diese Vagheit eine Fülle von Debatten, bei denen dann immer auch die Frage mitschwingt, ob dieser oder jener gestalterische Kniff wirklich Haltung ist oder nicht doch nur Manierismus oder Ornament (letzteres bekanntlich ein Begriff, den die Architekten fast so sehr hassen wie den der Kreativität, und den sie folglich der Haltung eher gegenüberstellen).

Soziologie der architektonischen Haltung fehlt
Vielleicht ist der Grund der definitorischen Blankheit in Sachen Haltung aber auch außerhalb der Architekturprofession zu suchen. Denn wenn wir davon ausgehen, dass Haltung so etwas wie den Andockprozess der gebauten, architektonisch ambitionierten Wirklichkeit an den gesellschaftlichen Rahmen bedeutet, so wäre es doch an der für diesen Rahmen zuständigen Profession, hier ein wenig Begriffsarbeit vorzunehmen – an der Soziologie. Diese aber hat sich bisher ebenfalls noch nicht umfassend mit der Frage befasst, was architektonische Haltung im gesellschaftlichen Kontext ist. Ja sie hat sich offenbar überhaupt noch nicht systematisch um das Problem des Verhältnisses von Architektur und Gesellschaft gekümmert. Dies überrascht – auch aus der

1 Haltung – Konsequenz, Integrität, Trennschärfe

Perspektive der Systemtheorie, die oben schon herangezogen wurde. Denn systemtheoretisch ist die theoriegetriebene Binnenanalyse einzelner sozialer Systeme durchaus professionsbezogener Volkssport. Luhmann selbst tat dies ja, etwa mit Büchern wie „Die Kunst der Gesellschaft" (Luhmann 1995). Eine „Architektur der Gesellschaft" aber schrieb Luhmann nicht. Architektur interessierte ihn nicht besonders (Trüby 2012). Womöglich betrachtete er sie als Unterdisziplin der Kunst.

Aber Architektur ist, anders als dies mitunter unterstellt wird, nicht dasselbe wie Kunst. Schade also, dass der Architektur noch niemand ein hartes systemtheoretisches Analysebuch widmete. Zumindest hat der Verlag, in dem die von mir lange geleitete Zeitschrift Baumeister erscheint, es mal mit einem etwas weniger theoretischen Band versucht. Wir hatten die Psychologin Christiane Tramitz gebeten, prominente deutsche Architekten quasi „auf die Couch zu legen" und in Einzelinterviews herauszukondensieren, was das Spezifische der Architektur ist, was die grundlegenden Orientierungsparameter der Branche sind und worin sich beispielsweise eine spezifisch architektonische Sprache von der Sprache „der Deutschen" oder auch von jener anderer systemtheoretisch differenzierbaren Professionen unterscheidet (Tramitz und Bachmann 2011).

Und dennoch: Was fehlt, und das bezieht sich speziell auch auf den Aspekt der Haltung, ist eine wissenschaftliche Grundierung der Architektur in ihrer Beziehung zur Außenwelt oder, systemtheoretisch formuliert, zu ihrer Umwelt. Dass diese fehlt, ist die Ausgangshypothese meines Buches – wie auch eines anderen Buches, das zumindest eine grundlegende Bestandsaufnahme versucht und zum Ziel hat, zu diskutieren, welche theoretischen Ansätze die Basis für eine spezifische Architektursoziologie sein könnten: des lesenswerten Buches mit dem bewusst luhmannisierenden Titel „Die Architektur der Gesellschaft. Theorien für die Architektursoziologie" von Joachim Fischer und Heike Delitz (2009). In ihrem Intro kritisieren die beiden Herausgeber, dass Architektur zwar eine massive Präsenz in der gesellschaftlichen Debatte habe, aber keine vergleichbare in der Soziologie.

Fischer und Delitz vermuten, dass die Architektur vielleicht für die Soziologie auf seltsame Weise zu selbstverständlich und nah erscheint. Andersherum sei die Soziologie womöglich auch zu stark auf die Suche nach den eher abstrakten Prinzipien moderner Vergesellschaftung fokussiert, als dass eine „Architektur der Gesellschaft" als Schlüsselthema in ihren Blick geraten könnte. Jedenfalls hat folglich die Soziologie zur Frage, wie eine die Gesellschaft womöglich prägende Haltung der Architektur oder bestimmter Architekten aussehen könnte, bisher recht wenig zu sagen.

Dies also soll dieses Buch ändern. Und auch wenn es mir nicht ratsam erscheint, mich an dieser Stelle auf eine ganz starre Haltungsdefinition einzuschießen, so möchte ich doch noch auf einige Dimensionen verweisen, die diese umfassen kann und von denen in der weiteren Betrachtung womöglich mal die eine, mal die andere im Vordergrund steht. Drei grundlegende Dimensionen von Haltung lassen sich aus meiner Sicht unterscheiden:

- Haltung als Konsequenz im Handeln
- Haltung als moralische Integrität
- Haltung als eigene, trennscharfe Position

Im Sinne der Konsequenz im Handeln bedeutet Haltung vor allem, die jeweils eigene Position absolut zu verteidigen und nicht beim ersten Gegenwind einzuknicken. Dies ist im architektonischen Kontext, in der immer viele Parteien mitreden und der Architekt im Zweifel nicht am längeren Hebel (des Geldes etwa) sitzt, besonders wichtig (siehe dazu später auch mein Nachwort-Interview mit Tatjana Schneider). Architekten werden nicht (nur) an ihren Ideen gemessen, sondern auch daran, diese umzusetzen. Ihre Haltung äußert sich also nicht nur darin, wie auch immer geartete nachvollziehbare architektonische Ansätze zu verfolgen, sondern auch daran, diese (in einem sichtbaren Maße) baulich zu realisieren. Nicht vor allem der Wettbewerbs*beitrag* interessiert, sondern der Wettbewerbs*gewinn* und schließlich in erster Linie das realisierte *Gebäude.*

Doch was für Positionen sind es überhaupt, die Architekten mehr oder weniger konsequent verfolgen? Und sind sie jeweils sinnvoll? Das ist die zweite angesprochene Dimension von Haltung. Es ist jene, die am ehesten mit der von den Erziehungswissenschaftlerinnen Vollmer und Clemens angesprochenen positiven Konnotation von Haltung zusammenhängt. Haltung impliziert eine gewisse Orientierung an grundlegend als moralisch positiv zu bewertenden Maßstäben. Ein verbohrter Rechtsradikaler würde nach dieser Definition eben, trotz aller Konsequenz im Handeln, durch den Rost fallen. Und ein Architekt, dessen einzige Konsequenz im Handeln darin besteht, beliebige Gebäude zu bauen, deren Zweck ausschließlich in ihrer kommerziellen Vermarktbarkeit besteht, auch. Haltung heißt eben auch, sich an bestimmten nachvollziehbaren und diskursiv verteidigbaren Werten zu orientieren.

Und damit sind wir bei der dritten Facette, die mir wichtig erscheint: der eigenen, trennscharfen Position, die sich im täglichen Handeln oder eben in der konkreten Architektur ausdrückt. Haltung heißt nicht, sich an einem wie auch immer gearteten Mainstream zu orientieren. Haltung ist produktiv, sie bringt etwas Neues in die Welt. Sie hat eine Komponente der Unverwechselbarkeit, auch der Sperrigkeit. Smooth-talkende Prediger des Guten haben damit nicht automatisch eine Haltung. Haltung positioniert durch Andersheit, durch eine spezifische Sicht auf die Welt – die Welt, wie sie ist, aber auch, wie sie sein soll oder sein könnte. Hiermit ist auch das Feld der Gestaltung angesprochen, der architektonischen Form und – ja auch das, obwohl der Begriff unter Architekten eigentlich mittlerweile verpönt ist – der Ästhetik.

Im Spannungsfeld dieser drei Komponenten von Haltung werde ich auf den folgenden Seiten versuchen, unterschiedliche Haltungen mir passend erscheinender Architektinnen und Architekten herauszuarbeiten. Die Protagonisten: Ludwig Mies van der Rohe, Philip Johnson, Lina Bo Bardi, Christian Norberg-Schulz, Rem Koolhaas, Zaha Hadid, Alejandro Aravena. Es geht mir dabei nicht darum, durch die Auswahl der Architekten oder vor allem der betrachteten Projekte Punkte in Sachen Originalität zu gewinnen. Die behandelten Architekten sind in der breiten Öffentlichkeit verhältnismäßig bekannt, und die Projekte, die ich jeweils untersuche, sind es mehrheitlich auch. Das ist auch sinnvoll. Denn es geht mir in diesem Buch darum, anhand möglichst typischer Beispiele aufzuzeigen, welche Radikalität und welche Unterschiedlichkeit die Haltungen der einzelnen Architekten aufweisen und wie viel Potenzial in diesen Haltungen auch für außerarchitektonische Akteure steckt. Es geht darum, Gesellschaft und den momentan virulenten Diskurs zum Thema Haltung anders, neu, und weiter zu denken. Hierzu dienen die behandelten Architekten quasi als gedankliche Steigbügelhalter. Dies ist daher ein Buch über Architektur, aber im eigentlichen Sinn keines für Architekten. Es ist ein Buch, das zeigt, wie Architektur der Gesellschaft als Ganzer neue Optionsräume eröffnen kann.

Klar muss dabei auch sein: Das Buch verläuft in gewisser Weise quer zum architektonischen Haltungs-Mainstream.

Denn im gelernten Sinn der politisierten Architekturbetrachtung gelten manche architektonischen Positionen per se als sehr haltungsstark (im Sinne von „sozial engagiert"), andere eher als anrüchig. Philip Johnsons Postmoderne beispielsweise passt den meisten moralisch fühlenden und gefühligen Architekten eher nicht. Aravena und Norberg-Schulz ja, Zaha Hadid mit ihren von globalen Unternehmen geschätzten Großformen (und ihrem auch noch radikalliberal herumargumentierenden heutigen Bürochef Patrik Schumacher) wiederum gar nicht. So wird mancher Architekturkenner alter Schule bei deren Integration in dieses Buch die Nase rümpfen. Das macht aber nichts. Vielleicht geht es hier genau darum – den Begriff der Haltung aus seinem zu eindimensionalen Korsett zu befreien. Denn Haltung ist nichts Festgefahrenes, Festgezurrtes. Haltung hat etwas mit Standhaftigkeit zu tun, aber auf Basis dieser auch mit Experimentierfreude, mit Freude am Argumentieren und Streiten – und vielleicht auch damit, eine lange für unangreifbar gehaltene inhaltliche Position nach einer solchen Debatte mal zu modifizieren (siehe dazu Kap. 4).

Haltung kann auch etwas Spielerisches haben
Der Schriftsteller Matthias Politycki und der Philosoph Andreas Urs Sommer sprechen sich in ihrem subjektiven Dialogwerk „Haltung finden" für eine genau solche gedankliche Flexibilität aus (Politycki und Sommer 2019: 2). Das „spielerische Betrachten der Welt aus verschiedenen Blickwinkeln" sei dies. Dieses spielerische Betrachten spiegelt aber keine Beliebigkeit, sondern, wie Politycki es ausdrückt, eine „altmodische Haltung" im Sinne eines Standpunktes, „der den Absurditäten unsrer Debatten mit wohltemperierten Grimm standhalten kann".

Und damit er dies kann, braucht es eine Veränderung, so Politycki. Dieser Standpunkt müsse sich nämlich „in einer neuen Sprache" ausdrücken, „in der wir alle wieder unverstellt ehrlich und also substanziell miteinander reden können". Es braucht also sprachliche Modifikationen, es braucht die Befreiung von den starren Rahmensetzungen mancher Begriffe, die so durchgenudelt sind, dass sich in ihnen nur noch gedanklicher Stillstand zeigt. Und da Sprache ja so etwas wie die Architektur der Konzepte ist, macht es vielleicht Sinn, hier einen Bezug zur realen Architektur zu sehen. Denn so wie Sprache Bedeutungen und Ideen „Raum" gibt, so materialisiert sich in der Architektur die Kapazität einer Gesellschaft, über sich selbst nachzudenken und sich selbst in die Zukunft hin zu entwerfen. In diesem Sinn stiftet die Architektur gesellschaftliche Substanz. Und um diese Art des Substanz-Stiftens geht es in diesem Buch. Gute Architekten stiften Substanz jenseits allzu bequemer gesellschaftlicher Lagerbildungen. Schauen wir also mal, wie sie das machen.

Literatur

Clemens, I., & Vollmer, T. (2019). *Oszillation, Iteration, Stil? Die problematische Definition von Haltung. Eine netzwerktheoretische Annäherung.* Vortrag auf der Jahrestagung der DGfE-Kommission „Qualitative Bildungs- und Biographieforschung" (KQBB). Friedrich-Alexander Universität Erlangen-Nürnberg, Nürnberg. Zugegriffen: 18. bis 20. Sept. 2019.

Etzelmüller, G. (2018). Was ist evangelische Haltung? *Zur Verkörperung des Evangeliums. Evangelische Theologie, 78*(3), 166–179.

Fischer, F., & Delitz, H. (2009). Die Architektur der Gesellschaft. Einführung. In: F. Fischer & H. Delitz (Hrsg.). *Die*

Architektur der Gesellschaft. Theorien für die Architektursoziologie (S. 9–18). Bielefeld: Transkript.

Haimerl, P. (2019). Vom Jung- und Altsein. Peter Haimerl im Gespräch mit Benedict Esche und Alexander Russ. In A. Gutzmer & S. Höglmaier (Hrsg.), *Architekturkultur* (S. 234–247). München: Edition Baumeister.

Luhmann, N. (1995). *Die Kunst der Gesellschaft*. Frankfurt/Main: Suhrkamp.

Polytycki, M., & Sommer, A. U. (2019). *Haltung finden: weshalb wir sie brauchen und trotzdem nie haben werden*. Berlin: Metzler.

Tackmann, V. (2019). Ein Mann mit Haltung und Höflichkeit (2.10.2019). BILD. https://www.bild.de/unterhaltung/musik/musik/karel-gott-gestorben-ein-mann-mit-haltung-und-hoeflichkeit-65082678.bild.html. Zugegriffen: 31.12.2019.

Thams, C. (2019). Politische Positionierung von Unternehmen und Marken in der Praxis. In J. Kemming & J. Rommerskirchen (Hrsg.), *Marken als politische Akteure* (S. 175–187). Wiesbaden: SpringerGabler.

Tramitz, C., & Bachmann, W. (2011). *„Architektur ist nämlich ganz einfach": 33 Architekten im Gespräch*. München: Callwey.

Trüby, S. (2012). Bau mir ein Haus aus den Knochen von Niklas Luhmann. In: *Arch+* 2015, S. 2–7.

2

Ludwig Mies van der Rohe: Affirmation der Metropole

Zusammenfassung Ludwig Mies van der Rohe war ein im umfassenden Sinn des Wortes metropolitaner Architekt. Er entwickelte eine Vision davon, was Großstadt im 20. Jahrhundert ausmacht, und legte damit die Grundlage für unsere städtisch geprägte Kultur. Sein New Yorker Seagram Building, das hier diskutiert wird, definierte den Großstadtmenschen als Teil des Kosmos Stadt. In diesem Kapitel wird gezeigt, was diesen Kosmos für Mies van der Rohe ausmachte und warum es heute an Visionen für die Stadt fehlt – gerade auch in neuen urbanen Bewegungen wie dem Diskurs über die „smart city".

Ludwig Mies van der Rohe lebte von 1886 bis 1969. Doch eigentlich gibt es zwei Mies van der Rohes: den einen, den Europäer, den vorletzten Direktor des Bauhauses. Und dann den US-amerikanischen, der seit seiner Immigration in die Vereinigten Staaten 1938 die rasant wachsenden US-Metropolen prägte wie nur wenige andere Architekten vor oder nach ihm. Ersterer kommt in Aachen zur Welt, macht eine Maurerlehre und arbeitet als Zeichner für Stuckornamente. Architektur lernt er „on the job", zunächst bei Bruno Paul, ab 1908 dann bei dem damaligen Avantgardisten Peter Behrens. 1913 eröffnet er sein eigenes Architekturbüro in Berlin. Dieses plant von Beginn an „modern", auch wenn die ersten großen Manifestationen dieses modernen Bauens erst im Laufe der Zeit anfallen – die Stuttgarter Weißenhofsiedlung 1927, der Barcelona-Pavillon 1929.

Mies van der Rohe plant auch für Berlin, etwa mit seinem Entwurf für ein Bürohochhaus an der Friedrichstraße. Und doch wird für sein Verständnis von Metropole die Erfahrung in den USA nach dem zweiten Weltkrieg eher entscheidend. Insofern ist seine Übersiedlung in die USA auch ein Schritt der architektonischen Weiterentwicklung. Und er ist zentral für die Haltung Mies'. Durch die Arbeit in den großen Städten der USA, könnte man argumentieren, wird Mies van der Rohes architektonische Grundposition erst richtig manifest.

Der Schritt nach drüben vollzieht sich dabei schubweise und nicht gerade als großer Akt politischer Konsequenz. Mit den Nazi-Machthabern in Deutschland hatte Mies sich einige Jahre lang nämlich wohl durchaus zu arrangieren versucht. Das aber gestaltete sich schwierig. 1936 dann bekommt Mies das Angebot, die Leitung der Architekturdepartments am Chicagoer Armour Institute zu übernehmen. Er wird dieses schließlich annehmen.

1937 reist er durch die USA, 1938 siedelt er endgültig über. 1944 schließlich wird er Staatsbürger der Vereinigten Staaten.

Es ist eine internationale, international funktionierende Architektur- und architektonische Firmensprache, die Ludwig Mies van der Rohe in den Innenstädten von Chicago über Toronto bis New York realisiert. Eine Sprache, die das Selbstbewusstsein des räumlichen Formsetzers kombiniert mit der Faszination für das Großprojekt „Metropole" – und zwar durchaus auch der kapitalistischen Metropole (Murphy 2014).

Sein diesbezüglich prägnantestes Werk ist vielleicht das New Yorker *Seagram Building* aus dem Jahr 1958. Das *Seagram* schauen wir uns im Folgenden näher an. Doch bevor wir auf ein konkretes Gebäude fokussieren, soll eine einschränkende Vorbemerkung getätigt werden: Vielleicht war es nämlich mehr als ein einzelnes Gebäude eine Idee, die den Einfluss Mies van der Rohes auf Architekten neben und nach ihm ausmachte und die womöglich auch der Inbegriff seiner Haltung war und ist. Vielleicht war es die Idee einer souveränen, produktiven und faszinierenden, aber auch kalten und harten Kapitalmoderne, die seine Architektur auf den Punkt brachte und bis heute bringt. Vielleicht ist es diese Idee der Stadt von morgen, und der Glaube an die Möglichkeit, dass die Architektur die Stadt von morgen in all ihrer Komplexität und Härte einzufangen vermag, die synonym für Mies steht und die uns heute noch ebenso sehr fasziniert, wie sie uns durch ihre Kühle und ihren gnadenlosen Realismus ängstigt.

Aber noch mal zurück zur Vita Mies': Basis für die Ausprägung der Haltung des Architekten Mies van der Rohe war für ihn wie für viele Architekten früh die akademische Tätigkeit – nach seiner kurzen Regentschaft am Bauhaus in Berlin auch in den USA. In den Vereinigten Staaten nahm er am später im *„Illinois Institute of Technology"*

(IIT) aufgehenden *Armour Institute* seine Lehrtätigkeit aus der Bauhaus-Zeit wieder auf. Die damals in Chicago gepflegte Orientierung an der École des Beaux-Arts ersetzte er durch eine Lehre, welche sich vom Handwerklichen über das Planerische zum Theoretischen hin entwickelte. Vieles von dem, was er in Chicago einführte, übernahm er direkt aus seinen am Bauhaus etablierten Ideen. Doch er passte seine Lehrpläne durchaus auch der amerikanischen Realität an (Spaeth 1994, S. 97). Die Grundregeln zum Aufbau einer Hochschule entstammten zwar seiner Zeit in Dessau und Berlin. Doch Chicago war nicht Weimar, Dessau oder Berlin. Es brauchte ein eigenes inhaltliches Konzept. Das wusste und akzeptierte Mies.

Technologie war ein großes Thema am Institut. Mies, stets offen für neue Technologien, plädierte dafür, technologische Innovationen konsequent zu nutzen. Dies solle optimistisch, aber nicht unkritisch geschehen, wie er in einer Rede vor Studierenden erläuterte: „Wir werden zeigen, dass Technologie nicht nur Größe und Macht verspricht, sondern auch Gefahren in sich trägt" (zitiert nach Spaeth 1994, S. 101). Aufgabe des Architekten ist es für Mies jedoch nicht, vor diesen Gefahren zu kuschen, sondern sie im Sinne eines kohärenten architektonischen Ganzen zu beherrschen.

Suche nach der Essenz der Architektur

Nur so entsteht für Mies eine ehrliche Architektur. Und um das Ehrliche in der Architektur ging es ihm letztlich durchaus immer – sei es nun bei eher kleinen Projekten wie dem Farnsworth House oder seinen voluminösen innerstädtischen Büroklötzen. Es ging ihm immer um die Frage, was das Essenzielle in der Architektur ist. Um das zu verhandeln, holte er zwei alte Bauhauskollegen ans IIT: neben Walter Peterhans, der von New York herüberkam und Seminare für visuelle Schulung aufbaute, auch Ludwig Hilberseimer, der das Sujet Städtebau übernahm.[1]

Auch baupraktisch legte Mies in den USA früh los. Sein US-amerikanisches Architekturbüro gründete er 1939 in Chicago. Ein Jahr darauf kam der Auftrag für den Bau des Campus des damals neu gegründeten IIT – er baute sich also seine eigene Hochschule. Weitere Gebäude für die, seine, Universität folgten. Erst mit seinem Ausscheiden aus dem IIT 1958 endete auch die Bautätigkeit seines Büros auf dem Campus.

Bereits 1946 hatte Mies den Projektentwickler Herbert Greenwald kennengelernt. Dies war der Ursprung eines der ikonischsten Gebäudekomplexe aus der Mies-Feder: der *860–880 Lake Shore Drive Apartments* in Chicago. Greenwald schwebten Apartmenthäuser im ganzen Land vor, die er mit einem dezidiert modernen Architekten realisieren wollte. Mies war hierfür der richtige, und es entstanden sechs große Wohnhochhausanlagen – inklusive der beiden damals radikalen Apartmenthäuser am Lake Shore Drive 860 bis 880.

---

[1]Die akademische Spiegelung der eigenen praktischen Tätigkeit ist etwas, was Architekten stärker betreiben als womöglich die meisten anderen berufspraktischen Felder. Nicht nur in Deutschland gilt bis heute: Gute, bekannte, anerkannte Architekten sollten auch in Forschung und Lehre tätig sein. Mies war ein frühes und gutes Beispiel dafür. Bezogen auf die Frage nach architektonischer Haltung ist die enge Verzahnung von Theorie und Praxis wichtig. Denn nur weil diese den Architekten so wichtig ist, ist zugleich die Bereitschaft dazu und auch die Routine darin, sich mit der eigenen gestalterischen Position grundlegend zu befassen und diese zu hinterfragen und hinterfragen zu lassen, so ausgeprägt. Kaum vorstellbar beispielsweise, dass Topmanager reihenweise Lehrstühle innehätten, um die ihrer praktischen Managertätigkeit zugrunde liegende Haltung kritisch zu reflektieren. Architekten tun dies häufig. Sie formulieren an Universitäten ihre Haltung – und stellen diese dort zugleich zur Diskussion. (Einschränkend muss man aber natürlich ergänzen, dass viele der ganz bekannten Architekten die Professur an einer Hochschule auch als Bestätigung der eigenen Pole Position im Architekturzirkus anstreben oder dazu, die eigene architektonische Haltung ungefiltert auf die Studierenden loszulassen).

Architekt und Entwickler – ein komplexes Binnenverhältnis

Das Verhältnis von Architekt Mies van der Rohe und Projektentwickler Greenwald ist ein Bemerkenswertes. Hier trat ein selbstbewusster, älterer, Architekt einem jungen, enthusiastischen, aber durchaus auch an philosophischen Themen interessierten Mann des Geldes entgegen – und zwar auf Augenhöhe. Beide entwickelten eine Freundschaft. Diese basierte auch darauf, dass Greenwald mehr wollte als „nur" viel zu bauen und reich zu werden. Er wollte, wie Spaeth (ebd.: 114) schreibt, „die beste Architektur bauen, die mit der Technik des 20. Jahrhunderts und innerhalb der wirtschaftlichen Realität von Bau- und Entwicklungskosten zu verwirklichen war". Ein solcher Ausspruch war natürlich nach dem Geschmack von Mies.

In den 1950er Jahren führte Mies' Büro fast zwei Drittel aller Projekte im Auftrag von Greenwald aus. Richtungweisend blieb aber die beiden Bauten am Lake Shore Drive, die schnell nur noch unter „860" und „880" firmierten. Erstmals kamen hier reine Stahlkonstruktionen zum Einsatz, ebenso wie großzügig verglaste Fassaden.

Möglich war dies, weil Mies für Service-Funktionen jeweils schwerpunktmäßig das Gebäudeinnere nutzte. Er behielt dieses Prinzip für alle künftigen Hochhausbauten vergleichbarer Konstruktionsweise bei. In einem weiteren Schritt legte er später die äußeren Tragwerkspfosten aus der Fassadenebene zurück in den Innenraum und hängte die Fassade als Vorhangfassade davor.

Die „Curtain Wall" gilt heute als ganz typisch für die prominenten Gebäude Mies'. Architekturphilosophisch gesehen ist sie jedoch eigentlich ein Kompromiss. Denn ein wesentlicher Grundsatz von Mies und seinem „Internationalen Stil" war es eigentlich, die konstruktive Logik eines Gebäudes zu verdeutlichen. Ein nicht tragender

Vorhang widerspricht dem. Wir werden später sehen, wie er am *Seagram* diesen Widerspruch durch nicht tragende, bronzefarbene Mittelpfosten auffängt, die dem Gebäude seine visuelle Robustheit geben.

1947 fanden die architektonischen Positionen Mies' erstmals auch signifikant kuratorischen Niederschlag. Philip Johnson, damals Leiter der Architekturabteilung des *Museum of Modern Art* in New York und später zeitweise kongenialer Sparringspartner Mies', organisierte eine frühe Retrospektive von dessen Arbeiten. Gestalten durfte Mies die Ausstellung selber (womöglich revanchierter er sich später dafür, indem er Johnson das Interieur des *Seagram* gestalten ließ). Die Ausstellung am *MoMa* wurde jedenfalls ein fulminanter Erfolg und verankerte Mies van der Rohe als Namen im Kanon wichtiger US-Baumeister. Wenige Jahre später kulminierte dies dann im Auftrag für das *Seagram Building*.

Building *Seagram*

1958 war der Bau fertig gestellt. Die Art der Einfügung des Gebäudes in die städtische Situation war damals noch vollkommen neu und wurde zum Vorbild für andere große Mies-Projekte: das *Chicago Federal Center* (1964) etwa, das *Westmount Square Montreal* (1968), das *Toronto-Dominion Centre* (1969). Die planerische Idee ist stets dieselbe: ein öffentlicher Platz mitten in der Stadt, umgeben von Hochhäusern, aber mit einer gewissen Luftigkeit. Der Architekt setzt sein Gebäude aus der Flucht zurück und schenkt der Stadt so Luft und Rhythmus, ohne aber die Idee der urbanen Dichte zu konterkarieren.

Die Fassadenlösungen im Erdgeschoss untermauern dies. Mies van der Rohes verglaste Erdgeschosse scheinen mit dem Außenraum zu verschmelzen. Auf jeden Fall federn sie den Übergang zwischen Stadt und Gebäude ab. Dies nimmt hier aber der Machtaura der Architektur nichts, es stärkt diese eher noch, weil die Architektur so zeigt, wie kompatibel mit ihren inneren Prozessen das Stadtleben draußen ist. Das Gebäude und seine Funktion strukturieren die Stadt (Abb. 2.1 und 2.2).

Und genau das ist es, was die Mies-Haltung in Bezug auf die kapitalistische Metropole so richtungsweisend macht. Nur durch diese Verzahnung von Stadt und Büro nämlich haben US-Metropolen wie Chicago oder New York, als deren Vordenker Mies aus meiner Sicht gelten kann, eine solche nahezu mythische Präsenz im kollektiven Imaginären des 20. und 21. Jahrhunderts erlangt. Sie sind Schaltorte der globalisierten Kultur. Die TV-Serie *Mad Men* wäre ohne den wirtschaftlichen wie kulturellen Aufstieg New Yorks so nicht möglich gewesen – und vielleicht auch nicht ohne Mies.

Abb. 2.1 *Seagram Building.* Fotograf Ken Ohyama. (Quelle Flickr)

Häufig werden ja Stadtraum und Großbauten als Gegensatz behandelt. Das stimmt hier nicht. Die Stadt wird zum Teil einer kapitalistisch geprägten Kultur. Diese Haltung wird vom Architekten und seinen starken Setzungen erzeugt. Und sie hat bis heute Bestand – und das, obwohl sich heutige Architekten ja zumindest rhetorisch immer gern als große Kritiker des Kapitalismus und seiner kulturellen Erzeugnisse und Spiegelungen sehen möchten.

Natürlich geht die Erfolgsgeschichte Mies van der Rohes noch weiter. Neben weiteren wichtigen Bürohochhäusern wie dem *One Charles Center* in Baltimore und dem *IBM Building* in Chicago von 1969 ist hier nicht zuletzt die Berliner *Neue Nationalgalerie* zu nennen. Der Kunstbau gilt als zentrale Arbeit Mies', nicht zuletzt wegen ihres stützenlosen, eingeschossigen Hallenraums, der als nutzungsvariabler Universalraum ohne funktionale Festlegungen ein freier und rein architektonischer Raum sein sollte und ja auch ist. Im Folgenden möchte ich die

Abb. 2.2 Öffentlicher Raum vor dem *Seagram*. Fotograf Alex Schwab (Quelle Flickr)

Haltung Mies' aber vor allem durch einen näheren Blick auf das *Seagram* noch einmal intensiver diskutieren.

Das *Seagram* hatte weitreichenden Einfluss auf die New Yorker Hochhausarchitektur und damit auch auf das Bild, das wir uns insgesamt bis heute von kapitalistischen Metropolen machen, gemeinsam mit dem Lever House 390 Park Avenue gegenüber. Gestalterische Kernidee ist eine bronzefarbene Kubusform, nicht übermäßig aufdringlich, aber elegant, von der Park Avenue ein Stück weit zurückgesetzt. Der Autor Jürgen Tietz schreibt (2013): „Seine noble Bronzefassade, die auf ein Mindestmaß reduzierten Formen und die einzigartige städtebauliche Placierung unterstreichen seine Bedeutung für die Architekturgeschichte ebenso wie für New York".

Die genannte Platzierung bezieht sich vor allem auf die Zurückgesetztheit des Gebäudes, was Platz schafft für den offenen Granitplatz davor. Heute würde man sagen, Mies war hier eine Art Vordenker kleinteiliger urbaner Prozesse. Das war er so explizit natürlich nicht, dennoch entwickelte diese „Plaza" sich zu einem beliebten Treffpunkt. Dies schlug sich sogar im Baurecht nieder: „Privately owned public spaces" (öffentliche Räume im Privatbesitz) galten künftig als zu fördern.

Das Gebäude selbst und sein so genannter Internationaler Stil hatten einen enormen Einfluss auf die amerikanische Architektur – nicht zuletzt durch sein bereits erwähntes, offenkundiges Ringen um eine Art architektonische Ehrlichkeit. Es galt, die statisch tragenden Elemente nicht zu verstecken. Wie die meisten großen Gebäude seiner Zeit, hat das *Seagram* ein Stahlskelett, an dem die nicht-tragende Glasfassade angebracht ist. Mies wollte aber, dass das Skelett komplett sichtbar blieb. Leider stand die Bauordnung dem entgegen. Die tragenden Stahlelemente mussten mit feuerfestem Material ummantelt werden. Und deshalb eben ließ Mies an der Fassade nicht-tragende, bronzefarbene Träger anbringen, die vertikal zwischen den großen Glasfenstern verlaufen. Das innere Skelett aus Betonstahl wurde also mit einer nichttragenden Hülle umgeben, die in Teilen wiederum die Funktion erfüllte, die konstruktive Beschaffenheit des Gebäudes herauszukehren.

Mies, ein Stararchitekt? Ja, auch
Wenn wir heute (und inzwischen geschieht dies ja meist mit kritischem Unterton) von „Stararchitekten" sprechen, so würden viele Beobachter Mies als eine Art Urtypus dafür halten. Seine Selbstinszenierung, die Bilder, die es von ihm Zigarre rauchend und stets korrekt gekleidet, gibt, tun das ihre zu dieser Wahrnehmung dazu. Und es stimmt ja: Mies war unbestreitbar einer jener Baumeister, die die eigene Grundhaltung für maßgeblich hielten; die ganz große Basisdemokratisierung ging von seinen Gebäuden nicht aus. Beim *Seagram* zeigt sich das an einem instruktiven Detail: den Jalousien. Komplett individuell verstellbare Jalousien wären Mies zu chaotisch, zu amorph gewesen. Also entwickelte er ein System, in dem die Jalousien sich lediglich in drei Stufen einstellen lassen – ganz offen, halb offen oder ganz geschlossen. Stararchitekt? Vielleicht, zumindest aber der Architekt als wohlwollender Geschmacksdiktator und Ordnungsstifter.

Natürlich ist es möglich, Mies van der Rohes Werteposition mit der „des Bauhauses" gleichzusetzen. Es wären dann Werte wie Klarheit, Verzicht auf Schnörkel, Expression der Funktion eines Gebäudes durch seine Form, auf die man fokussieren müsste. „Less is more" eben. Und natürlich hat das Bauhaus und hat mit ihm auch Mies als sein dritter und letzter Direktor den überkommenen Orientieren an Verschönerung und Dekorierung eine Absage erteilt. Autoren wie Robert Kaltenbrunner haben recht, wenn sie den

Verfechtern des Bauhauses (die freilich nicht im isolierten Weimar-Dessau-Raum agierten) eine wegweisende Funktion bei der Ausdefinierung dessen zuschreiben, was wir bis heute unter „modern" verstehen. Es ging den Bauhäuslern ja wirklich darum, die Möglichkeiten der Moderne auszuloten – und zwar der Moderne nicht zuletzt als einer idealen Stilform für das Leben im 20. Jahrhundert. Überflüssige „Schönheit" wurde abgelehnt; die Form jedes täglichen Gebrauchsgegenstandes, von der Teetasse bis zum Wohnblock, musste auf dessen Zweck hindeuten. Die Form sollte dem Zweck folgen, und dieser, der „Zweck", wurde damit quasi verfetischisiert.

Und genau an dieser Stelle, meine ich, reicht das Wirken mancher modernen Architekten und nicht zuletzt eben auch das von Ludwig Mies van der Rohe einen Schritt weiter. Mit Gebäuden wie dem *Seagram* weist er nicht nur auf „den Zweck" der modernen Großstadtarchitektur hin. Er arbeitet darüber hinaus eine Vision von der Großstadt selbst heraus. Er verleiht ihr eine eigene Aura, und die Teilhabe an dieser wird als erstrebenswert gesetzt. Das ist seine Haltung. Er gibt dem modernen Büromenschen seine eigene Ästhetik und schafft eine architektonische Form, in der der Büroarbeiter als Großstadtbewohner einen Resonanzkörper erhält, der der eigenen Selbstdefinition und Selbstoptimierung entspricht. Hier spielt natürlich auch die bewusste Transparenz der von Mies mit geschaffenen Metropolenarchitektur eine Rolle. Wer im *Seagram Building* arbeitet, findet in diesem einen Rahmen vor, um produktiv zu sein – und um aus der Position des kapitalistisch Produktiven einen definitorischen Inhalt zu ziehen wie auch Impulse zur eigenen Weiterentwicklung. Das muss man alles nicht uneingeschränkt gut finden. Aber man muss verstehen, dass Konzepte des Funktionalismus nicht ausreichen, um die Wirkung dieser Ikonen der „Mittelmoderne" (1950er bis 1970er Jahre) zu verstehen (zum Verhältnis von *Seagram* und Metropole siehe auch Lambert 2013).

Mies war ein Visionär dessen, was wir heute als prototypisch kapitalistische Metropole verstehen. Er hatte eine Vorstellung davon, wie das 20. Jahrhundert im Zeichen des US-amerikanisch dominierten Kapitalismus funktioniert. Und er wusste, welche dominante Rolle große Unternehmen wie *Seagram* in dieser spielen – gerade auch in Sachen räumliche Atmosphäre und Ästhetik. Dabei ging es um Konsequenz, um Klarheit – und nicht so sehr um „Schönheit" im Sinne dem Auge schmeichelnder Oberflächen. Das *Seagram* schmeichelt nicht.

Mies suchte nach einer neuen Ehrlichkeit – und war mit diesem Anspruch nicht allein. Gerade am *Seagram*-Projekt nämlich zeigt sich, wie stark diese Art Architektur und Architekturverständnis auch auf der Kooperation unterschiedlicher Player fußt, nicht zuletzt der zwischen Architekt und Bauherr. Wobei – in diesem Fall war es vor allem eine Bau-Frau. Seagram sieht nämlich nur so aus, wie es aussieht, weil sich die Tochter des Firmenpatriarchen, Phyllis Lambert, ganz massiv in das Projekt einbrachte. Frühe Briefings ihres Vaters, die er ihr schickte, verwarf sie mit großer Geste. Stattdessen wollte sie einen Bau realisieren, der in seiner Art neu ist und zur Definition des prototypisch Urbanen seinen Beitrag leistet. Lambert, selber Künstlerin, Architekturkennerin und später Gründerin des wichtigen *Centre Canadien d'Architecture* (CCA) in Montreal, machte das *Seagram Building* schließlich zu ihrem Projekt. (Wie sie das tat, lässt sich in ihrem Buch „Building Seagram" aus dem Jahr 2013 nachlesen.) Dies betraf die Architektenauswahl ebenso wie die spätere Form des Gebäudes. Insofern ist *Seagram* ebenso sehr ihr Werk wie das von Mies van der Rohe.

Und sie akzeptierte die Haltung Mies' in all ihrer Komplexität. Lambert wusste, auf was sie sich einließ, als sie Mies als den *Seagram*-Architekten propagierte. Ihr war klar, dass sie keinen gefälligen Bau bekommen würde, aber dafür einen relevanten, einen mit Haltung. Spaeth (S. 145) zitiert sie wie folgt: „Man könnte sagen, dass diese ernste Kraft, diese häßliche Schönheit, erschreckend streng ist. Das stimmt, aber dadurch wird sie um so schöner".

Härten müssen (auch mal) ausgehalten werden
Es ist diese Haltung, die sich auf die Gesellschaft von heute übertragen lässt – und die, wie ich finde, sofort ein paar grundlegende Defizite unserer Gegenwart offenbart. Denn eine „hässliche Schönheit, erschreckend streng" ist heute eher nicht zu entdecken. Sie würde auch nicht mehr ausgehalten werden. Architektonisch müssen Räume sich heute immer an Nutzer und soziale „Bedürfnisse" anpassen. Eigensinnigkeit geht ihr damit ein Stück weit verloren. Und jenseits der Bauwelt scheint im Zuge der identitätsorientierten Opferdiskurse gesellschaftlich die Fähigkeit verloren zu gehen, bestehenden Härten der Moderne unerschrocken ins Gesicht zu sehen. Identitätspolitik bedeutet allzu oft, sich schnell auf eine Opferrolle zurückzuziehen. Das Draußen, das, was die Kulturwissenschaft seit den 1970ern the „other" nannte, wird nicht mehr „ausgehalten", sondern als existenzielle Bedrohung verstanden und entsprechend nach Möglichkeit ausgeblendet. Man zieht sich in „safe spaces" zurück.

Die Härte der Miesschen Metropolenarchitektur funktioniert anders. Hier werden bestehende Härten nicht geleugnet. Hier wird selbstbewusst artikuliert: Ja, wir befinden uns in der Großstadt, an einem hochkompetitiven Ort. Nein, da geht es nicht kuschelig zu, und nein, allzu viele Ornamente würden hier nur eine Schnuckeligkeit vortäuschen, die realiter nicht da ist. Hier kann man sich nicht verkriechen, hier zeigt man sich, muss man sich zeigen – so wie man ist.

Insofern ist diese Haltung auch nicht fundamental gegen jede Form der „Identität" gerichtet. Identität ist hier weiter möglich. Sie wird aber nicht verabsolutiert und verformt sich nicht zum bloßen Rückzugsort, der die Konfrontation mit anderen, womöglich unangenehmen Wahrheiten komplett unmöglich machen darf. Identität hat in der Metropole des 20. Jahrhunderts der, der sich zeigt.

Denn, und das wissen wir spätestens seit den Publikationen des Organisationstheoretikers Herbert Simon zum „organization man": Natürlich hat der moderne Kapitalismus auch eine transformierende Rolle auf die menschliche Identität. Der Kapitalismus zerstört uns nicht, aber er macht etwas mit uns. Und die kapitalistische Stadt killt uns nicht, aber sie erfordert, dass wir uns auf sie einlassen. Das ist die Haltung der Mieschen Architektur, die heute mitunter als hart oder kalt verstanden werden mag, in einer Zeit, in der das menschliche Agieren in kapitalistischen Kontexten ja jederzeit durch die Integration von ein wenig Feelgood-Sozialismus abgefedert wird, und sei es auch nur rhetorisch.

In gewisser Weise ist Mies damit ein Vordenker einer Gesellschaftskritik, wie sie momentan durch Autoren wie Bret Easton Ellis (2019) geäußert wird. Der geht in seinem provokanten (und teils auch etwas einseitigen) Essayband „White" nämlich argumentativ gegen genau diese Unfähigkeit zum ehrlichen Umgang mit den Einflüssen der Stadt und/oder der Gesellschaft vor. Der Mann sieht uns (oder zumindest die USA, der seine Essays primär gelten) in einer Art Gesinnungsdiktatur gefangen, in der echte, anspruchsvolle Kunst kaum noch entstehen könne. Es gehe nämlich nur noch darum, was wem womöglich zu viel zumutet. Konzepte wie „safe spaces" und „trigger warnings" sind ihm ein Gräuel. Diese generierten eine neue Unkultur der Selbstviktimisierung. Eine Kritik, die harsch daherkommen mag, aber nicht ganz von der Hand zu weisen ist – und insofern ein Stück mehr von der Klarheit, der Strenge, der Transparenz und auch der Suche nach verobjektivierbaren Qualitätskriterien wünschenswert erscheinen lässt, die Mies uns vorexerziert.

Wenn man nun fragt, was an der architektonischen Haltung von Ludwig Mies van der Rohe auf die Welt der Unternehmen des 21. Jahrhunderts übertragbar ist, so ist dies nicht zuletzt die nicht nur positive, sondern geradezu faszinierte Haltung zur Idee der Metropole. Das *Seagram* zeigt, wie hier ein Architekt mit der Metropole arbeitet und zugleich an deren mythischem Bild, an ihrem Mythos mitarbeitet. Diese Haltung ist als Forderung definitiv auch in Richtung von Unternehmen formulierbar. Diese agieren ja durchaus urban. Ob Mobilität, Energieversorgung, Finance – für Unternehmen unterschiedlicher Branchen gilt es, urban funktionierende und städtisch gedachte Lösungen zu entwickeln. Doch die Stadt ist für sie häufig von allem ein gegebenes Konstrukt, das es zu managen und gegebenenfalls zu optimieren gilt.

So entwickeln Firmen ja wirklich zunehmend Produkte, die die Mobilität des städtischen Raumes auf neuartige Weise weiterentwickeln helfen. Das ist gut. Aber es ist eben oft auch rein reaktiv. Eine proaktive und kreativ gestalterische Haltung zur Metropole lässt sich an den Aktivitäten der meisten Unternehmen noch nicht ablesen. Hierzu fehlt es an Mut, auch an Sendungsbewusstsein. Und ja – es wäre komplett legitim, wenn Unternehmen sich urbanes Sendungsbewusstsein auf die Fahnen schrieben. Dazu müssten sie aber ein eigenes Bild davon entwickeln, welche Mythen es sind, die die Metropolen der Zukunft prägen oder prägen sollen. Hiervon sind wir heute noch sehr weit entfernt.

Wobei es ja nicht so wäre, als würde diesbezüglich gar nichts passieren. Eine grundlegende Bereitschaft, sich in proaktiv gestaltender Weise mit dem Stadtraum zu befassen, herrscht mancherorts auf Unternehmensseite schon. Doch das urbane Abenteuer scheint riskant zu sein. So schickte sich die Google-Tochter *Sidewalk Labs* ja vor einigen Jahren an, in Toronto einen ganz neuen Stadtteil zu entwerfen. Doch das Unterfangen wurde kürzlich gestoppt. Das ist schade. Denn Unternehmen wie Google/Alphabet sind zwangsläufig und zunehmend in der Rolle der urbanen Akteure. Getrieben wird dies nicht zuletzt durch die Kräfte der Digitalisierung, die Geschäftsmodelle verändert und die Stadt als Datenkonstrukt in ganz neuer Weise beherrschbar macht oder zu machen scheint. In meinem Buch „Urban Innovation Networks" habe ich versucht herauszuarbeiten, wie diese neue Akteurshaftigkeit von Unternehmen in die Innovationsstrategien der unternehmerischen Akteure hereinpasst – und welche Managementmodelle dies theoretisieren helfen (Gutzmer 2016).

Stadtvisionen jenseits der „Smart City"
Das Problem: Die Theorie mag da sein, in der Firmenpraxis fehlt es aber oft noch an Mut und Bereitschaft, sich wirklich auf die Komplexität des Urbanen einzulassen. Dies limitiert auch die Versuche, im Sinne einer grundlegenden Vision des Städtischen mehr zu liefern als bloße Abbilder vertriebsgesteuerter Wunschvorstellungen. Letztere gibt es natürlich reichlich. Sie haben auch zum Theorem der „Smart City" und dessen vermeintlich cleverer Erweiterung zur „Smarter City" geführt, den einzigen originär firmengetriebenen Narrativen des Städtischen, die momentan im Umlauf sind. Das Markenzeichen „Smarter Cities" sicherte sich am 4. November 2011 übrigens der IT-Gigant IBM. Es begann, wie die Autoren Ola Söderström et al. (2014) herausarbeiten,

ein regelrechter Kampf von Seiten IBMs um Visibilität und Legitimität im sich formierenden Markt für Smart City-Produkte. Parallel dazu startete das Unternehmen ein durchaus ambitioniertes Storytelling rund um die Marke „Smarter City".

Auf Basis der Akteur-Netzwerk-Theorie zeigen die Autoren, dass die Kampagne von Beginn an direkt und unübersehbar darauf ausgerichtet war, IBM als Knotenpunkt bei der Einführung urbaner Technologiestrategien zu positionieren. Dadurch wird das Narrativ selber durchschaubar und so auch ein wenig schwächlich. Die gelieferte Story ist eindimensional und narrativ geschlossen. Ein transmediales Storytelling findet allenfalls in Ansätzen statt. Zugleich lässt sich eine Vision realen urbanen Lebens auf Basis dieser Vision bestenfalls erahnen. Das Narrativ ist als Startpunkt einer kraftvollen Stadtvision im Sinne Mies van der Rohes auf diese Weise zum Scheitern verurteilt.

Die Autoren werfen dem IBM-Narrativ denn auch seinen technologischen Reduktionismus vor und fordern die Entwicklung einer Reihe neuer, alternativer Narrative unter der Headline der Smart oder Smarter City. Alternativ könnte man auch fragen: Weshalb sollen Unternehmen überhaupt auf diesen Themenzug aufspringen? Wäre es nicht viel spannender, andere Stadtvisionen zu proklamieren – entweder allein oder im verein mit anderen urbanen Playern?

Literatur

Easton Ellis, B. (2019). *White*. New York: Random House.

Gutzmer, A. (2016). *Urban innovation networks. Understanding the city as a strategic resource*. Heidelberg: Springer.

Lambert, P. (2013). *Building Seagram*. London: Yale University Press.
Murphy, P. (2014). The aesthetic spirit of modern capitalism. In P. Murphy & E. de La Fuente (Hrsg.), *Aesthetic capitalism* (S. 47–62). Brill: Leiden.
Spaeth, D. (1994). *Mies van der Rohe. Der Architekt der technischen Perfektion*. Stuttgart: DVA.
Söderström, O., Paasche, T., & Klauser, F. (2014). Smart cities as corporate storytelling. *City, 18*(3), 307–320.
Tietz, J. (2013). Ikone aus Haut und Knochen (25.9.2013). Neue Zürcher Zeitung. https://www.nzz.ch/feuilleton/kunst_architektur/ikone-aus-haut-und-knochen-1.18155935. Zugegriffen: 28. Dez. 2019.

3

Philip Johnson: Embrace the Image!

Zusammenfassung Der New Yorker Architekt Philip Johnson gilt als Vordenker der Postmoderne – und das auch nicht zu unrecht. Eine Haltung hat er dennoch, oder gerade deshalb. Seine Haltung lässt sich beschreiben als Affirmation des Bildhaften in der Architektur. Der bewusste Umgang mit architektonischer Medialität führt bei Johnson zu einem neuen Verständnis von Metropole und metropolitan-gesellschaftlichem Austausch. Diese Affirmation des Bildes, diese Bereitschaft zum produktiven Teilhaben an der Bildhaftigkeit der Welt ist eine Haltung, die sich auch Unternehmen heute empfiehlt. Es braucht Bilderstrategien. Das Kapitel zeigt, dass diese Strategien heute noch eher selten zu finden sind.

Die Aufnahme von Philip Johnson (1906 bis 2005) in ein Buch, in dem es um architektonische Haltung geht, wird manchen Architekturkenner überraschen. Schließlich schwingt beim Thema Haltung immer etwas mit von Unerbittlichkeit, harter Kritik an Spielereien, auch dem Kampf um so etwas wie soziale Gerechtigkeit. Der Kapitalismus wird tendenziell eher abgelehnt, und die mit ihm oft assoziierte Postmoderne auch. Nun ist Johnson aber ein Architekt, der mit genau dieser postmodernen Architektur verbunden wird. Außerdem vollzog er in seinem beruflichen Schaffen im Zuge der Transformation vom Kurator und Kritiker hin zum bauenden Architekten auch eine Abkehr von eigenen funktionalistisch-puristischen Positionen. Und das soll Haltung sein?

Es ist – wenn man Haltung, wie ich dies hier tue, eher im Sinne einer aus dem einzelnen Architekten heraus sich entwickelnden, kohärenten Position und Philosophie deutet und nicht als die Erfüllung bestimmter politisch korrekter Paradigmen. Johnson hat eine Haltung – und zwar durchaus eine, die die Welt in eine bestimmte Richtung verändern will. Diese Richtung zu bestimmen ist allerdings nicht ganz trivial und auch ein wenig komplizierter als jene von Mies van der Rohes. Doch sie bedeutet, verglichen mit Mies, einen auch in Bezug auf die Aktivitäten von Unternehmen interessanten neuen Akzent. Insofern – Let's give it a try! Johnson selbst würde diesen Ansatz nachvollziehen können.

Johnson, ein Mehr-als-nur-Baumeister

Philip Johnson ist Spross einer gut situierten Familie aus Cleveland, Ohio. Sein Interesse an Architektur wuchs früh, nicht zuletzt aufgrund von ausgedehnten Europa-Reisen mit Stationen in Paris, Rom und London. Johnson war nie der klassische „Mich-interessiert-nur-echtes-Bauen"-Architekt.

3 Philip Johnson: Embrace the Image! 41

An der Harvard University machte er vielmehr zunächst einen Abschluss in Philosophie. Architektur studierte erst später, ab 1940, ebenfalls in Harvard.

Zuvor hatte er aber bereits über Jahre hinweg erfolg- und einflussreich als Kurator und Autor in New York gewirkt, schwerpunktmäßig am MoMA. Dort leitete er das Architektur-Department, und verschiedene zeitgeschichtlich wichtige Ausstellungen gehen auf ihn zurück. Unter anderem kuratierte er wie bereits erwähnt eine wegweisende Ausstellung über Ludwig Mies van der Rohe. Johnson liebte die Ästhetik und die architektonische Dynamik von Mies. In der Ausstellung am MoMa 1947 setzte er diesem und vor allem seinen frühen Projekten ein erstes kuratorisches Denkmal – und sorgte damit dafür, dass Mies zu einem der prägenden Baumeister der prototypischen amerikanischen Metropole des Kapitalismus wurde.

Johnson fand über das Kuratieren großer Ausstellungen am MoMA zu einer reflexionsbasierten Grundlage, die auch sein späteres, eigenes architektonisches Wirken bestimmen sollte. Immer stand seine Architektur auch im Kontext anderer bedeutender Architekten. Nicht zuletzt kraft seiner Belesenheit wusste er sozusagen immer, dass er als Architekt auf den Schultern von Giganten stand. Dies aber führte nicht zu einer übermäßigen Ehrfurcht, sondern dazu, dass er in großem Formenreichtum eigene Standpunkte formulierte.

Diese allerdings sind auf den ersten Blick nicht unbedingt kohärent. Auch von seinem frühen Idol Mies selber entfernte sich Philip Johnson mit einigen seiner Bauten weit. Manche seiner Museen oder sonstigen kulturellen Institutionen wirken geradezu neoklassizistisch, andere sind von „aufgesetzten Bögen beherrscht sowie in der Komposition vollkommen symmetrisch" (Blake 1996, S. 18). Hier klingt natür-

Abb. 3.1 Philip Johnson, hier mal ohne seine ikonische Schwarzbrille. (Foto: City of Boston/Flickr)

lich auch die Formensprache dessen durch, was seit den 1980er Jahren als Postmodernismus firmiert. Und sicher war Johnson ein Protagonist des Postmodernen. Allerdings könnte man sagen, dass unser heutiges Postmoderne-Verständnis sich recht weit von manchen Intentionen entfernt, die damals in den heute als Postmoderne-Kanon geltenden Bauten verwirklicht wurden. Postmoderne ist sicher mehr als nur „historisches Zitat" oder „sinnfreie Spielerei". Und so betrachtet, wäre Johnson dann sicherlich ein postmoderner Architekt (Abb. 3.1).

Hollenstein (2006) hebt hervor, dass Philip Johnson zwar an Baugeschichte interessiert war, diese aber nicht als bloße Ressource für historistische Spielereien verstand, sondern sie durchaus „ernst" nahm. Nach einigen

3 Philip Johnson: Embrace the Image! 43

bald bunkerartig-brutalistischen, bald heiter-transparenten Bauten habe er sich systematisch daran gemacht, „mit den technischen Mitteln der Moderne die Architektur von der Antike über die Gotik bis zum Klassizismus neu aufleben zu lassen". Das aber war natürlich ein Verstoß gegen manche Dogmen des Modernismus. Und in der Tat wollte Johnson diese nicht einfach akzeptieren. Er sah, dass einige Ideen der modernistischen Avantgarde leer geworden waren. Er wollte der kapitalistischen Metropole ein sich selbst nicht zu ernst nehmendes Antlitz verleihen. So entstand das, was Hollenstein als eine „schelmische Uminterpretation" der nüchternen Glastürme New Yorks zur zeichenhaften Chippendale-Kommode des *AT&T-Towers* bezeichnet.

Tongue in cheek!
Die Botschaft: Kapitalismus kann, ja er muss sogar mit der „Zunge in der Wange" funktionieren. Das gilt heute umso mehr, in einer Zeit, in der nicht nur der Kapitalismus selbst, sondern seit Neuestem auch die vielleicht als seine hehrere, weniger gierige Schwester zu bezeichnende liberale Demokratie immer stärker und von unterschiedlichen Seiten attackiert wird. In Zeiten wie diesen ist es mit einer grimmigen Ernsthaftigkeit allein nicht getan. Es gilt, eine Position der Souveränität gerade auch gegenüber der in den heutigen Sozialen Medien vorherrschenden Dauerhysterie zu entwickeln. Es gilt, Standhaftigkeit und (sic!) Haltung in einer zunehmend sämtliche Haltungen auslöschenden Welt zu beweisen. Humor gehört dazu, ebenso wie der Mut zum inhaltlichen, vielleicht auch zum ästhetischen, in unserem Kontext auf jeden Fall zum visiblen Statement. All das kann man von Philip Johnson lernen – und die Juroren des Ende der 1970er Jahre neu gegründeten Pritzker-Preises sahen das auch so. Johnson

war der erste Träger des neuartigen Preises, der heute als Nobelpreis der Architektur gilt.

Das *AT&T*-Gebäude in New York, heute wohl der bekannteste Bau Johnsons, kann die Pritzker-Jury zumindest in komplett fertiger Ausführung noch nicht mit prämiert haben. Denn das wurde erst im Jahr 1984 eröffnet. Und es hätte als Argument für den Preis womöglich auch kein übermäßiges Gewicht erhalten. Das Gebäude gilt unter standesbewussten Architekturkritikern nämlich durchaus als umstritten. Zu groß ist der Kontrast zu den Dogmen der Schlichtheit und des Funktionalismus, wenn ein Gebäude mit einem Giebel arbeitet, der weithin sichtbar durchbrochen ist oder demonstrativ „gesprengt", wie das im architektonischen Fachterminus heißt (Wetzel und Wetzel 2010, S. 40). Es entsteht dann der Eindruck eines architektonischen Statements, das einerseits ornamental wirkt, andererseits aber in symmetrischer Art Raum lässt für – ja für was eigentlich? Für ein Logo, das man sich in der rundhohlen Giebelkrönung des Gebäudes hineindenken darf? In jedem Fall wird hier eine demonstrative zeichenhafte Stilistik praktiziert – etwas, was nach klassisch modernistischer Diktion nun einmal verboten ist. Ziemlich logisch ist von daher die Skepsis, mit der die Architektenzunft das Gebäude in der Madison Avenue, in unmittelbarer Nachbarschaft zum *Seagram,* betrachtete.

Dabei distanziert sich der in fünf Jahren Bauzeit realisierte Wolkenkratzer nicht in allen Bereichen von *Seagram*. Proportionen, dreizonige Gliederung und rückwärtiger Galerieanbau sind nämlich durchaus an Mies angelehnt. Der Arkadengang mit einem über 35 m hohen Bogen über dem Eingang zeigt, dass Johnson durchaus, wie Mies, Interesse an der Funktion eines Hochhauses im städtischen Kontext (auf Straßenebene) hatte. Doch natürlich ist der gesprengte Giebel wie auch die Fassade aus rosafarbenem Granit ein selbstbewusstes Statement der baulichen Eigenheit. Hier wurde der damals herrschenden Konvention des Stahl-Glas-Turmes ein steinernes „Nope" entgegengezimmert (Abb. 3.2).

Abb. 3.2 Die Spitze des *AT&T-Towers* im Hochhäusermeer Manhattans. (Foto: Rob Snell/Flickr)

Doch nicht primär dieses Nope als solches ist die Haltung, die sich bei Johnson sehen und in die heutige Zeit weiterdenken lässt. Und es ist auch nicht die architektonische beziehungsweise städtebauliche Qualität, die das *AT&T Building* nach Ansicht vieler Beobachter hat. Schon eher ist es der selbstbewusste, auch der theoriegesättigte Umgang mit historischen Vorbildern. Und es ist die Atmosphäre, die entsteht, wenn Johnson mit diesen arbeitet. Johnsons Architektur funktioniert – auch hier – als Statement der baulichen Heiterkeit in einem Kanon von stählerner Ernsthaftigkeit.

Wichtig in diesem Kontext: das Verhältnis von gebauter Architektur und architektonischem Bild. Das *AT&T* ist ein eigenständiges gebautes Bild in einer Welt der Bilder. Und eine solche Bilderwelt zelebrierte die Metropole New York natürlich auch in den 1980er Jahren schon. New York generierte Bilder und nutzte diese zur Selbstpositionierung, zu dem, was man heute „city branding" nennen würde (Greenberg 2009). Für die Stadt war diese Inszenierung umso wichtiger, als das reale New York der späten 1970er und frühen 1980er Jahre alles andere als ein urbanes Exempel heiterer Lebenswirklichkeit war. Drogen und Kriminalität setzten der Stadt zu. Da brauchte es die Inszenierung. Und das *AT&T* inszenierte und generierte munter mit.

Hier weiß ein Gebäude, dass es bildhaft wahrgenommen wird. Es verweigert sich dem nicht, es stellt sich vielmehr dem Wettbewerb der visuellen Impressionen. Insofern ist die Haltung, die Philip Johnson hier zeigt, vor allem auch eine der medialen Offenheit. Wir Architekten, so die Botschaft, operieren in einem Kontext der bildgetriebenen Hypermediatisierung. Das müssen wir nicht immer mögen, wir müssen uns dieser Tatsache aber stellen. Architektur funktioniert medial, und sie muss diese Tatsache immer mitdenken, so die Einsicht Johnsons an dieser Stelle.

Mit der Bildhaftigkeit der Architektur ist natürlich auch das Motiv der ikonischen Gebäude angesprochen, der Ikonenarchitektur. Diese elektrisiert seit dem viel umschriebenen und von Städten global angestrebten Bilbao-Effekt die Welt, wird indes im Zuge der Ablehnung des Starachitektenwesens auch immer wieder kritisiert. Und manches an der Kritik ist ja auch nachvollziehbar. Jedoch stellt sich die Frage, ob eine Architektur komplett jenseits der Dimension und Reflexion des Ikonischen überhaupt funktionieren kann. Kann es eine *bildfreie* Architektur heute noch geben? In einem Beitrag für das Stadtentwicklungsjournal „City" argumentiert der Postmoderne-Papst Charles Jencks (2006), dass das Prinzip des ikonischen Bauens quasi zeitlos für immer mit uns ist. Und das lässt sich ja auch wirklich verargumentieren. Architektur ist heute eben immer auch Bild. Und ein Architekt, der sich dessen bewusst ist, scheut nicht vor der Bildhaftigkeit und Visibilität zurück, sondern nimmt diese proaktiv und mutig an. Er stellt sich und seine architektonischen Überzeugungen gewissermaßen der Öffentlichkeit, exemplifiziert durch das konkrete Gebäude. Er exponiert sich und seine Haltung.

Es werde Bild!

Dieser Mut, dieses Selbstvertrauen ist es, das auch andere gesellschaftliche Akteure übernehmen können und sollten. Wir leben ja paradoxerweise in einer Zeit, in der der permanente Drang zur Öffentlichkeit einher geht mit der zunehmenden Zurückhaltung mancher gesellschaftlicher Akteure. Öffentlichkeit ist eben gefährlich. Auch die Sozialen Medien werden inzwischen eher selektiv behandelt. Dem Grünen-Politiker Robert Habeck etwa hat es ja viel Beifall eingebracht, als er vor einigen Monaten seinen Twitter-Account schloss. Philip Johnson hätte dies nicht getan. Er hätte selbstbewusst weitergetwittert – allem Protest und allen möglichen Shitstorms zum Trotz. Er hätte verstanden, dass es heute eine regelrechte Verantwortung zur Öffentlichkeit gibt – und damit auch eine Verantwortung zum Bild. Sicher hätte sein Büro heute einen vitalen Instagram-Account (wie viele Architekturbüros ja gerade das Medium Instagram für sich entdecken).

Was übrigens nicht heißt, dass hier der Produktion gelackter Eindeutigkeiten das Wort geredet wird. Schon Jencks tut dies nicht. Er verweist vielmehr darauf, dass ikonische Architektur in sich widersprüchlich sein kann und weitere Widersprüche produziert (ebd., S. 13). Es entstehen, in Jencks' Terminologie, „multiple enigmatic signifiers". Bilder sind keine eindeutigen und auch keine unproblematischen Bedeutungsträger. Sie problematisieren vielmehr ihre eigene Bedeutung. Genau dies gilt auch für den AT&T-Bau. Dieser reflektiert die notwendige Bildhaftigkeit heutiger Architektur nicht nur; er kommentiert sie vielmehr ironisch. Denn wenn wir die Rundung, die sich durch die unvollendet aufeinander zustrebenden Teilgiebel in 190 m Höhe am New Yorker Himmel ergibt, einmal wirklich als Fassung eines runden Logos interpretieren – was bedeutet es dann, dass kein Logo zu sehen ist? Heißt das dann nicht, dass hier auch die gesamte Logofokussiertheit der Werbewelt ironisch kommentiert wird? Der Bau steht ja in der Madison Avenue, also dem schon in den 1980er Jahren eindeutigen Zentrum der US-amerikanischen Werbeindustrie (zur Rolle der Madison Avenue in der Geschichte der US-Werbebranche siehe etwa Tungate 2007). Letztlich macht Ihr doch auch nur Logos ohne Gehalt, so scheint das Gebäude zu rufen. Ob nun *AT&T, Sony* (der zweite Besitzer nach dem US-Telefonriesen) oder sonstige Marken – nehmt Euch selbst mal nicht zu wichtig! Ein Appell, den man ohne Weiteres auch an die neuen Dominanzkörper des globalen Kapitalismus heutiger Prägung richten kann, an Apple Google Amazon Facebook etwa, aber auch an die neuen Firmenriesen in China oder Nahost. Letzteren gehört übrigens inzwischen auch das frühere AT&T-Gebäude. Es wurde im Jahr 2016 für 1,3 Mrd. US-Dollar an die saudische *Olayan Group* und den britischen Immobilienentwickler *Chelsfield* verkauft.

Übrigens ist das Lehrbeispiel der Architektur als Bild im Metropolenraum gerade in einer Zeit der digitalen Bilderflut besonders instruktiv. Denn was ist eine Metropole anderes als die architektonische Anhäufung unterschiedlicher Gebäude – und damit heute eben auch unterschiedlicher Bilder? Ein Hochhaus in der Metropole New York interagiert notwendigerweise mit anderen Gebäuden. Das heißt, als Bild steht das Gebäude nie allein da, sondern immer im Kontext anderer Bilder. Das entspricht genau der Form der Bilderflut in Zeiten der Digitalisierung. Auch diese bedeutet nicht nur ein quantitatives *Mehr* an unterschiedlichen bildlichen Impressionen, sondern vor allem auch ein *Übereinander* dieser Bilder. In der digitalen Welt steht kein Bild je für sich, sondern wird immer wieder von anderen Bildern überlagert und transzendiert. Und die Prozesslogiken, nach denen dies geschieht, sind zunehmend opak beziehungsweise von Algorithmen gesteuert (siehe hierzu den lesenswerten Beitrag der Kulturwissenschaftler Anna Munster und Adrian MacKenzie aus dem Jahr 2019, die die Mechanismen untersuchen, nach denen digitale Plattformen Bilder algorithmisch kombinieren).

Bilderschichten

Diese Vervielfachung stellt für gesellschaftliche Akteure eine Herausforderung dar. Ihr kann nur mit einer proaktiven, selbstbewussten, Widersprüche in Kauf nehmenden oder auch durchaus bewusst produzierenden Herangehensweise begegnet werden. Das heißt, Unternehmen, die in digitalen Sphären unterwegs sind, müssen ihrerseits zu permanent bildgenerierenden Playern werden. Das eine, ikonische Bild reicht nicht mehr. Es ist zu ergänzen mit vielen anderen Bildern, die dieses ergänzen und überlagern – übrigens nicht nur im Marketing, sondern letztlich in allen in- und externen Disziplinen.

Unternehmen als dauerhafte Bildgeneratoren – diese Vorstellung bedeutet heute keine Abkehr von Ideen der unternehmerischen Wahrhaftigkeit mehr, sondern im Gegenteil einen Schritt hin zu einer authentischen, ehrlichen Form der Unternehmensführung. Sie bedeutet hingegen nicht, dass hier einer Art bildbezogenem Positivismus das Wort geredet würde. Einen solchen legt ja auch Philip Johnson eigentlich nicht vor. Er scheint vielmehr mit einer Art „konstruktiver Skepsis" zu agieren. Unternehmen gerade hierzulande täten gut daran, ihrerseits einer solchen bildbezogen konstruktiven Skepsis ebenfalls etwas mehr Raum in den eigenen Aktivitäten einzuräumen.

Denken wir nur an die oft hilflosen Aktivitäten, mit denen Unternehmen versuchen, der Herausforderung der Social Media allgemein und speziell dem dort permanent drohenden „Shitstorm" zu begegnen. Dass man die Sozialen Medien im Auge behalten muss, dürften mittlerweile zumindest die meisten Großkonzerne verstanden haben. Aber von einem wirklich selbstbewussten, ja vielleicht sogar selbstironischen Umgang mit ihnen ist wenig zu spüren. Unternehmensvertreter rennen auf Konferenzen, um zu verstehen, wie „man Social Media macht". Von einem eigenen Gestaltungswillen oder gar einer souveränen Vereinnahmung der Sozialen Medien für die eigene Strategie kann aber nur selten die Rede sein. Kaum ein Unternehmen macht die Bildreichheit der neuen Medien in einer Art zu der ihren, wie das Philip Johnson für die Architektur der Postmoderne vorexerziert hat.

Auch bei Greta ist ein Bild manchmal harmlos
Dabei sind Souveränität und Leichtigkeit ungeheuer wichtig in der Welt der sozial-medialen Hyperventilation. Dies erlebte kürzlich auch die Deutsche Bahn. Ihr widerfuhr im Dezember 2019 ein, man muss es leider so sagen, kommunikatives Disaster. Die Umweltaktivistin Greta Thunberg war mit dem Zug von der Klimakonferenz in Madrid unterwegs und hatte ein Bild aus einem überfüllten Abteil gepostet. Der Post war von heiterer Sprache und hatte keinesfalls zum Ziel, die notorische Unpünktlichkeit der Bahn zu kommentieren oder ihre Unfähigkeit, Passagieraufkommen zu antizipieren. Es war ein harmloser Post, mit dem Greta ihre Follower an ihrem reiseintensiven Leben teilhaben lassen wollte. Die Deutsche Bahn interessierte sie schlicht und ergreifend gar nicht.

So aber hatte die Bahn das nicht gesehen. Und in bemerkenswerter Dünnhäutigkeit arbeiteten sich nun die Social-Media-Worker des Konzerns an Greta ab. Das wirkte natürlich einigermaßen hilflos, unsouverän und unclever. Das Unternehmen stellte zur Schau, wie schwierig es für einen Konzern ist, die eigene Themenbrille abzulegen und zu verstehen, dass sich gar nicht die gesamte Social-Media-Welt um einen selbst dreht.

Im grundsätzlicheren Sinn zeigt sich hier aber eben auch eine Unfähigkeit großer Unternehmen, sinnvoll und im passenden Ton mit der Bilderflut der neuen digitalen Medienwelt umzugehen. Nicht jedes Bild ist als Fundamentalattacke zu verstehen. Und nicht jeder bildinduzierte Shitstorm muss mit der ganzen kommunikativen Breitseite gut bestückter Social Media-Abteilungen bekämpft werden. Manchmal tut ein kommunikatives Augenzwinkern gut – oder auch ein selber bildliches. Dieses souveräne Zwinkern lehrt uns Philip Johnson.

Literatur

Blake, P. (1996). *Philip Johnson*. Basel: Birkhäuser.
Greenberg, M. (2009). *Branding New York: How a city in crisis was sold to the world*. London: Routledge.
Hollenstein, R. (2006). Architekt und Querdenker (8.7.2006). Neue Zürcher Zeitung. https://www.nzz.ch/articleEA6VU-1.44974. Zugegriffen: 23. Dez. 2019.
Jencks, C. (2006). The iconic building is here to stay. *City, 10*(1), 3–20.
MacKenzie, A., & Munster, A. (2019). Platform seeing: Image ensembles and their invisualities. *Theory, Culture & Society, 36*(5), 3–22.
Tungate, M. (2007). *Adland: a global history of advertising*. New York: Kogan Page.
Wetzel, H., & Wetzel, C. (2010). *Seemanns großes Lexikon der Weltliteratur*. Leipzig: E.A. Seemann.

4

Lina Bo Bardi: Widersprüche aushalten, mit Widersprüchen bauen

Zusammenfassung Lina Bo Bardi repräsentiert eine Architektur der kulturellen Heterogenität. Unterschiedliche Einflüsse können, ja sie müssen sogar aufeinanderprallen. Dass Bo Bardi bewusst auch mit Widersprüchlichkeiten baut, zeigt nicht zuletzt ihr Kunstmuseum MASP in São Paulo, das hier diskutiert wird. Bo Bardis Architektur wird von manchen als „agonistisch" bezeichnet. Dieser Gedanke wird in diesem Kapitel auch auf die gesellschaftliche Situation insgesamt übertragen. Mit Rückgriff auf die Politologin Chantal Mouffe wird auf den folgenden Seiten ein Konzept produktiver kultureller wie auch politischer Auseinandersetzung vorgeschlagen und entwickelt.

Die Architektin und Designerin Lina Bo Bardi (1914 bis 1992) fristete lange im Vergleich zu anderen Architekten ein mediales Schattendasein, ehe sie vor einigen Jahren durch vermehrte Publikationen und erste Werkschauen erstmals in Gänze vom europäischen und US-amerikanischen Architekturpublikum beachtet wurde. Vor allem ihre sozialen beziehungsweise integrativen Arbeitsansätze wurden dabei hervorgehoben, etwa ihre Unwilligkeit, sich in die elitäre Entwurfsstube zurückzuziehen, oder ihr Ansatz, stattdessen direkt auf der Baustelle zu planen und damit live in der Realität und im Austausch mit Handwerkern Entwürfe zu verfeinern oder auch umzuplanen (siehe etwa Reichert 2015 oder de Oliveira 2006: 31). Etwas weniger stark wird dabei bisher ihre Bereitschaft zur Integration von kulturellen Gegensätzen beleuchtet, die für mich paradigmatisch für ihre Architektur zu sein scheint und die in einem Buch über das Konzept der Haltung durchaus Erkenntnispotenzial birgt.

Geboren wurde Lina Bo Bardi als Achillina Bo in Rom. Dort studierte sie ab 1934 Architektur. Später arbeitete sie zunächst in Mailand als Illustratorin für Fashion-Magazine sowie bei dem damals überaus erfolgreichen Architekten Gio Ponti. Sie war auch für die bis heute existierende Architekturzeitschrift *Domus* publizistisch aktiv. Damals wurde diese von Ponti herausgegeben. (In Zeiten der Krise der Printmedien setzt die Domus auch heute auf den direkten Input von Architekten, hat aber, wie man leider konstatieren muss, längst nicht mehr dieselbe Relevanz wie zu Pontis Zeiten.)

Im Jahr 1946 heiratete Achillina Bo den Kurator, Sammler und Galeristen Pietro Maria Bardi. Und dann kam ein radikaler Schritt. Gemeinsam kehrten die beiden Europa den Rücken. Auf der Suche nach neuer Inspiration zogen sie nach Brasilien. Und Inspiration fanden sie dort auch. Das Paar lernte bedeutende Architekten und Stadtplaner kennen,

Lúcio Costa etwa, Oscar Niemeyer oder Roberto Burle Marx. Lina und ihr Ehemann kuratierten Ausstellungen europäischer Kunst und bauten sich von den (aus heutiger Sicht offenbar bemerkenswert hohen) Einnahmen ein Haus im noblen Stadtteil *Morumbi* von São Paulo, das heute ikonische *Casa de Vidro* (Gläsernes Haus).

Das Haus wurde so stark gefeiert, dass Lina fortan Großaufträge bekam. So entstanden dann ihre bekannten Großbauten, das *Museu de Arte de São Paulo* (MASP, 1957–1968), bekannt als „schwebendes Museum", die Kirche *Espirito Santo do Cerrado* (1977–1982) oder das Kultur- und Sportzentrum *Fábrica da Pompéia* (SESC, 1977–1986). Nicht mehr gebaut wurde ihr Entwurf für ein neues Rathaus in São Paulo.

Keine Glaswand-Modernistin
Dadurch, dass ihr erster architektonischer Erfolg das gläserne Wohnhaus mit seinem fulminanten 140-Quadratmeter-Wohnzimmer war, könnte man geneigt sein, Bo Bardi als Vertreterin eines Glaswand-Modernismus im Gefolge des Bauhauses zu sehen. Das wäre aber ein Irrtum. Das (in seinem Ursprung europäische) Projekt des Bauhauses ist nicht wirklich ihres. Es geht ihr nicht um eine universalistische Architektursprache europäischen Ursprungs für eine zusammenwachsende hyperrationale Welt. Auch ist sie nicht an einem global wirkenden Funktionalismus interessiert. Ihre Architektur ist vielschichtiger und durchaus auch widersprüchlich. Dies zeigt sich, wie der Architekturjournalist Florian Heilmeyer (Heilmeyer 2011) argumentiert, schon am Nachfolgebau des Gläsernen Hauses, der *Casa Valeria Cirell*, das Bo Bardi 1958 für ihre Freundin Valeria Cirell baut. Die rohen Baumstämme am Pool, die Dachschindeln und die Außenwände, in die sie Kiesel und bunte Keramikfliesen einlegt, lassen das Haus als stark

von nativen Einflüssen inspiriert erscheinen. Auf Reisen in Brasiliens Norden studierte Bo Bardi die traditionelle afrobrasilianische Architektur, und diese Erfahrungen fließen hier mit ein.

Zugleich aber ist das Haus keineswegs anti-modern, wie helle, klar gegliederte Räume mit Oberlichtern, eiserne Handläufe und große Fenster- und Türöffnungen mit fast rahmenlosen Glasscheiben zeigen. Diese Architektur ist durchaus modern, macht aber zugleich klar: Das Projekt der Moderne ist ein inhärent widersprüchliches. Das macht es aber nicht zum Scheitern verurteilt, sondern darin liegt vielleicht sogar sein Reiz. Nur, so dachte vielleicht Bo Bardi, haben viele ihrer architektonischen Zeitgenossen diesen Reiz noch nicht erkannt. Sie haben sich nicht in dem Maße, wie sie das tat, auf den Zusammenfluss unterschiedlicher kultureller Einflüsse eingelassen. Diese kulturelle Neugier ist etwas, was die Haltung Lina Bo Bardis ausmacht und was die Notwendigkeit aufwirft, kulturelle Widersprüche in einen produktiven Prozess einfließen zu lassen.

Den Reiz der krassen Widersprüche spürt in der hart-lebendigen Metropole São Paulo jeder Besucher gerade heute sofort – nicht zuletzt beim Flanieren über die zentrale Avenida Paulista. An der Hauptstraße steht das Kunstmuseum *MASP*, das Lina Bo Bardi von 1957 bis 1968 baute. Der Bau, in dem ihr Mann dann später bis kurz vor seinem Tod als Museumsdirektor fungierte, stellt architektonisch eine große Geste dar: Acht Meter über dem Boden schwebt eine mächtige Box aus Glas und Beton, 70 mal 29 Meter und 14 Meter hoch. Die Box hängt an zwei knallrot gestrichenen, 3,5 Meter breiten Betonbügeln über einem offenen Platz. Besucher betreten das Museum von unten über eine breite Freitreppe.

Im klassischen Sinn schön ist das Museum nicht. Es versprüht keine Atmosphäre der Hyperverfeinerung, die man womöglich mit zeitgenössischer Kunst assoziieren mag,

4 Lina Bo Bardi: Widersprüche aushalten ...

und auch keine minimalistische White-Cube-Atmosphäre. Was es hingegen tut: Es eröffnet den Blick über einen angrenzenden, niedriger liegenden Park. Vor dem Museumsbau befand sich an dessen Stelle ein Aussichtspunkt mit Parkblick. Diesen wollte Bo Bardi erhalten. Also bockte sie ihren Museumsbau quasi auf (Abb. 4.1).

Sie verweist also bewusst auf den Widerspruch zwischen introvertiertem Kunstraum und extrovertierter Aussichtsplattform in Richtung Natur. Doch zugleich ist natürlich im Moloch São Paulo eine parkzentrierte Stadtplanung ein Widerspruch in sich. Diese Stadt ist keine von Parks dominierte, sondern eine, in der jedes Stück Grün immer der Gefährdung durch den herrschenden Brutalo-Bauboom ausgesetzt ist.

Und dann ist da noch die vielleicht größte Widersprüchlichkeit: jene, überhaupt einen Raum für die Kunst zu schaffen in einer Metropole, die sicher keine Kunstmetropole im klassischen Sinn wie Zürich oder New York ist. Zum Zeitpunkt der Eröffnung (und noch bis 1985)

Abb. 4.1 Das *MASP* in São Paulo (Foto: Gutzmer)

war Brasilien eine Militärdiktatur. Heute ist die Stadt von massiver Gewalttätigkeit und einer hohen Verbrechensrate geplagt. Wer hier in ein Museum geht, entzieht sich dem brutalen Beat der Straße. Auch diese Widersprüchlichkeit kann, wer will, in dem durch vier muskulöse Stützen dem Straßenlevel enthobenen Museumsbau sehen. Kurzum: Bo Bardis Architektur ist ein Appell dafür, die Welt in all ihren Gegensätzen, Widersprüchlichkeiten und Ambiguitäten anzunehmen. Heilmeyer schreibt: „Es ist vor allem dieser faszinierend ambivalente Ausdruck von Tradition und Moderne, der ihre Architektur prägt; auf komplexe Weisen mischt sie, Transparenz und Geschlossenheit, Ornament und Nüchternheit, Privates und Öffentliches, Leichtes und Schweres." Anders als das Bauhaus, sind hier nicht Reduktion und Linearität die wichtigsten Gestaltungsprinzipien. Es geht darum, aus Unterschiedlichkeiten ein neues Ganzes entstehen zu lassen.

Gesellschaftliche Konfliktlinien werden bei Lina Bo Bardi nicht geleugnet, sondern, wie Reichert (2015) sagt, „ausagiert". Es geht nicht ihr in der Architektur nur darum, technizistisch Probleme zu lösen, sondern um eine Transzendenz des Rationalismus im Sinne einer der Funktion folgenden Form hin zu einer diskursiven Offenheit. Bo Bardi schafft Räume für die Interaktion Unterschiedlicher – auch da, wo es weh tut.

Mitunter heißt dies auch, bestehende kulturelle Grenzen niederzureißen. Dies zeigt sich nicht so sehr beim *MASP*, das ja die Grenze zwischen Kunstraum und Straße geradezu betont, wohl aber etwa bei ihrem *Teatro Oficina*, ebenfalls in São Paulo: Die Bühne ist dort gleichzusetzen mit dem Theater als Ganzem. Jeder Quadratzentimeter des Gebäudes ist Bühne, die Zuschauer sehen den Schauspielern nicht nur beim Umziehen oder Schminken zu, sondern sind selbst Teil des Spektakels. So geht Partizipation im Bereich der Hochkultur – auch wenn es für die klassisch Kunstschaffenden unbequem werden könnte.

Dabei kann auch die Funktion eines Gebäudes von einer Form konterkariert oder, wie man auch sagen könnte, provoziert werden. Bei ihrem Kulturzentrum *CESC* etwa verlegte Bo Bardi die Übergänge von Umkleiden und Sporthallen bewusst ins Freie (und auch in São Paulo kann es kalt werden). Die architektonische Form also erzeugt eine funktionsbezogene Irritation, eine bewusste Störung. Oder eben ein Stück Agonismus. Reichert schlägt in diesem Zusammenhang den Begriff „agonistische Architektur" vor.

Agonistische Architektur, agonistische Kunst – in Zeiten, in denen Widersprüche in nie zuvor gesehener Unverholenheit und vor allem Masse aufeinanderprallen, mögen diese Begriffe durchaus als zeitgemäß erscheinen. Schließlich leben wir heute nicht nur in hochpolitisierten Zeiten. Wir leben vor allem in Zeiten, in denen immer mehr im weitesten Sinn politische Akteure eigene Radikalpositionen ohne Rücksicht auf Verluste und oft auch ohne die Hinzuziehung womöglich mäßigend wirkender Kommunikationsnormen in die Welt setzen. Doch genau diese neue Diskursradikalität verunsichert viele Akteure. Sie verunsichert Medienschaffende, die sich ihrer lang gelernten Gatekeeper-Funktion nicht mehr sicher sein können. Sie verunsichert Akademiker, etwa wenn an Berliner Hochschulen anerkannte Professoren wie Herfried Münkler nicht mehr frei ihrer Lehre nachgehen können, oder wenn der zwar nicht unbedingt anerkannte, aber doch auch mit einem Professorentitel versehene AfD-Gründer Bernd Lucke in Hamburg überhaupt nicht mehr sprechen kann.

Gesucht: der produktiv gelebte Konflikt

Es scheint, als hätten wir die Kunst des inspirierenden Streitens verlernt. Dabei bräuchte es gerade heute eine neue Kultur des gelebten Konfliktes. Allumfassende Harmonie muss nicht sein. Oder, wie der Altmeister des gepflegten Streitkultur, Jürgen Habermas, kürzlich formulierte (Habermas 2020, S. 15): „Die informelle Kommunikation in der breiten Öffentlichkeit kann auch robuste Manifestationen oder wüste Formen des Konflikts aushalten." Das Ziel wäre demnach eine Kultur, die akzeptiert, dass wir eben nicht auf eine Idealgesellschaft des immerwährenden Konsenses hinstreben oder dass wir, wenn wir den Konsens und die allumfassende Mitte zum einzigen Orientierungsprinzip erheben, an Ausdrucksvielfalt, an Schärfe, und auch an politischer Substanz verlieren.

Die stattdessen zu fordernde Kultur wäre eine, die den agonistischen Ansatz Lina Bo Bardis ins Gesellschaftliche überträgt, dabei aber nicht stehen bleibt, sondern den Konflikt selbst als konstruktiven Prozess versteht, vielleicht sogar ein Stück weit als Selbstzweck. Gesellschaft konstituiert sich in der Art, wie sie Konflikte austrägt – im Unterschied dazu, sich „nur" im Ergebnis des Meinungsbildungsprozesses etwa in Form einer hegelianischen Synthese zu finden. Der Germanist Jan Philipp Reemtsma schreibt: „Wer seine besonderen politischen oder kulturellen Ideen mag, aber die Vorstellung, dass über sie öffentlich debattiert wird, nicht, ist jedenfalls kein Demokrat oder keine Demokratin" (Reemtsma 2020).

Der Gedanke einer wie auch immer gearteten Re-Kultivierung des politischen Konfliktes bringt uns zu der belgischen Politologin Chantal Mouffe. Sie befasst sich seit langem mit Konfliktmustern in der entwickelten Demokratie. Im Jahr 2013 legte sie ihr viel beachtetes Buch „Agonistics" vor. Der Untertitel: „Thinking the world politically". Und darum geht es ihr. Sie will die Welt politisch denken. Anders herum könnte man, auf Basis der Tatsache, dass wir eben offenbar in hochpolitischen Zeiten leben, sagen, sie liefert die Theorie zu ebendieser Politisierung. Dieses Verständnis von Politik jedenfalls lässt Mouffe von manchen rationalistischen Dogmen Abstand nehmen. Sie fokussiert stattdessen auf den Streit (zum Beispiel politischer Parteien) als das Wesen des politischen Geschehens (Scholz 2015).

Mouffe geht, einfach formuliert, davon aus, dass Streit sein muss. Demokratie basiert für sie auf der grundlegenden Annahme, dass keine Partei einen absoluten Anspruch erheben kann, sondern jedes politische Programm auf die Auseinandersetzung mit anderen Programmen angewiesen ist. Gesellschaft braucht Streit, sie wächst idealerweise an ihm. „Haltung" heißt in diesem Sinne, eigene Positionen in den Wettstreit mit anderen treten zu lassen, sie abzuwägen, aber durchaus nicht im Dienste eines wie auch immer gearteten gesellschaftlichen Konsenses sofort aufzugeben. Es gilt vielmehr, eine Kultur des Streits zu etablieren, die selber produktiv ist. Davon sind wir momentan weit entfernt, weil in Zeiten der sozial-medialen Einfärbung jeder Streit nur die bestehenden Vorurteile gegeneinander vertieft und bei den Streitenden das immer etwas selbstgerechte Gefühl hinterlässt, sowieso nicht von den eigenen Ansprüchen und Grundannahmen abrücken zu müssen.

Chantal Mouffe sieht durchaus eine potenziell konstruktive Rolle für die Architektur in ihrem gedanklichen Kosmos (Hatton 2015). In ihrem Buch verwendet sie selber die oben für Lina Bo Bardi in Anspruch genommene Terminologie des „Agonism". Sie nimmt damit Bezug auf die antike Vorstellung vom eingeübten Wettstreiten. (Hier liegt natürlich auch, obwohl sie das nicht explizit macht und als postmarxistische Denkerin wohl auch nicht würde machen wollen, eine Parallele zu Peter Sloterdijks Buch aus dem Jahr 20099 „Du musst Dein Leben ändern".) Kernbegriff der Agonismus-Denker ist der „Agon", der sportliche oder artistische Wettstreit. Der Urtypus dieser regelgeleiteten Wettbewerbe waren natürlich die Olympischen Spiele. Auf deren Geist beruft man sich ja heute noch gern (Scholz 2015). Wichtig jeweils: Es gibt faire Regeln, die grundsätzlich jeder Teilnehmerin die Chance zubilligen, zu gewinnen.

Inflation der „Fairness"
Der Begriff der Fairness spielt auch im politischen Diskurs von heute eine Rolle, allerdings in pervertierter Form. Von Fairness ist häufig die Rede. Donald Trump beispielsweise verwendet den Terminus inflationär und mit einer immer leicht weinerlichen Impertinenz, aber stets in einem offensichtlich taktischen Sinn, um Gegner moralisch zu unterminieren und letztlich, im Jargon der digital Natives, zu „zerstören". Bei den alten Griechen ging das anders. Und auch im politischen Prozess sollte es idealiter natürlich anders laufen. Es geht dann darum, sicherzustellen, dass jede politische Meinung, soweit sie sich im demokratischen Rahmen bewegt, auch die Chance haben muss, Gehör zu finden und zumindest einen Moment lang erwogen zu werden. Momentan hat man jedoch den Eindruck, dass die Grenzen des politisch Sagbaren von rechts wie links sehr schnell eingeschränkt werden mit moralistischen oder identitätsfokussierten Empörungen. Dies führt letztlich zu einem berechenbareren, aber auch sehr viel langweiligeren (Schein-)Austausch von Positionen. Man rekonstruiert via Kommunikation letztlich nur die eigene Komfortzone, eine Art safe space der eigenen Unangreifbarkeit. Hiergegen lässt sich die agonistische Theorieschule von Chantal Mouffe in Anschlag bringen.

4 Lina Bo Bardi: Widersprüche aushalten ...

Wobei gesagt werden muss, dass Mouffe selbst natürlich sehr klar politisch verortet ist. Als linke Denkerin will sie über ihren Agonismus-Ansatz letztlich eine Art linken, „guten" Populismus formulieren. Ihre Sympathie gehört der, gerne auch emotional vorgetragenen, linken Position. Politik konstituiert sich für Mouffe über konfrontative Wir-sie-Konstruktionen. In ihrem Denken gibt es eine verborgene Oligarchie der Mächtigen, die es über agonistische Statements ans Licht zu zerren gilt. Von jenem eindeutigen Lagerdenken distanziert sich dieses Buch in gewisser Hinsicht; es übernimmt das Prinzip des Agonistischen, treibt es aber zugleich analytisch ein Stück weiter, als Chantal Mouffe dies tut oder tun wollen würde.

Interessanterweise weist aber Mouffes linkes Denken in seiner grundlegenden Stoßrichtung gewisse Parallelen zum wegen seiner Interaktion mit dem NS-Regime heute als problematisch gesehenen (rechten) Denker Carl Schmitt auf. Sie selbst gab ein Buch mit dem Titel „The Challenge of Carl Schmitt" heraus (1999). Schmitts Interpretation von Politik als ewige Möglichkeit und Notwendigkeit, klar zwischen Freund und Feind zu unterscheiden, wendet sie im Sinne eines eher linken Politikverständnisses an. Es geht ihr immer um grundsätzliche Konflikte zwischen Gruppen.

Mouffe hinterfragt kritisch, ob unsere politische Praxis noch genügend Raum für die Austragung von Konflikten lässt. Die herrschende Konsensgesellschaft behagt ihr nicht. Alle kreisen um die Mitte, und die Mitte selbst kreist gewissermaßen um ein riesiges Nichts. Die vielen in der Gesellschaft real existierenden Meinungen und Haltungen zu unterschiedlichen Themen finden keine adäquate Abbildung mehr, außer in eruptiven (und inhaltsleeren) Wutkaskaden digital agierender Trolls. Thesen werden nicht mehr ausformuliert. So verkümmert

Demokratie stückweise. Eine wort- und emotionsgewaltige Sprachlosigkeit entsteht.

Und das sehen wir ja im realen politischen Diskurs tatsächlich. Es herrscht vielerorts eine Ängstlichkeit, differenziert und trotzdem klar Position zu beziehen. Die einen (Robert Habeck) verweigern sich mit ihrem Abgesang auf Twitter manchen Kanälen, aus einer durchaus begründbaren Haltung der Medientechnologiekritik heraus, aber doch in einem Akt der leicht snobistischen Diskursnegierung. Und die anderen (Donald Trump) legen (ob nun taktisch motiviert oder aus intellektuellem Unvermögen heraus) eine derart stammelige, verarmte Sprache an den Tag, dass man die Verachtung alles Diskursiven in jedem (meist kurzen) Halbsatz zu spüren meint.

Der Diskurs verarmt, doch zugleich herrscht eine Überfülle an Meinungen und Verbalaggressionen, nicht nur, aber natürlich schwerpunktmäßig „im Netz". Denn es gibt zwar keinen Agon-getriebenen Wettbewerb mehr, aber doch eine neue kommunikative Radikalität. Diese verunsichert viele Menschen. Und sie verunsichert zwangsläufig auch die Unternehmen. Auch ihnen fällt es schwer, angesichts der medialen Überfülle zu klaren Positionen zu gelangen. Bisher zog man sich im Zweifel eher kommunikativ zurück. Aber genau das geht heute nicht mehr. In einer Welt, die von rhetorischen Radikalismen geprägt ist, kann sich niemand mehr sprachlos stellen. Auch Unternehmen können dies nicht. Deshalb wird ja überhaupt von ihnen eine Haltung gefordert. Zugleich aber ist das, was heute vielerorts unter Haltung firmiert, noch viel zu risikolos, auf universelles Einverständnis hin konzentriert, konsensual, letztlich haltungsfrei.

„Wählen gehen" zu proklamieren ist keine Haltung
Nehmen wir das Beispiel der Aktivitäten von Unternehmen vor Wahlen. Manche Großunternehmen haben sich in letzter Zeit dazu durchringen können, ihre Mitarbeiter aufzufordern, wählen zu gehen. In der Firmen-PR wird dies nun wie eine Monstranz als Zeichen der eigenen Haltungsstärke kommunikativ vor sich hergetragen. Aber mit Haltung in echten, Konflikte nicht leugnenden, etwa Bo Bardischen Sinn hat es nichts zu tun. Es ist eine pseudo-haltungsbezogene Binse, die das Wirken der Politik letztlich eher leugnet. Bestenfalls kann man darin eine Art Meta-Haltung sehen, die „Haltung", dass andere Haltung haben und artikulieren müssen. Letztlich muss man aber sagen: Nicht *wählen gehen* macht Politik aus, sondern das Wählen *bestimmter Parteien*. Die flaue Forderung, irgendwas zu wählen, muss langweilen. Interessant und mutig wären dezidierte Auseinandersetzungen mit den Programmen bestimmter politischer Parteien. Das wäre zumindest im Ansatz Haltung – und wie in meiner Einleitung erwähnt, sind selbst manche Agenturchefs diesbezüglich schon einen Schritt weiter als die Konzerne. Letztere halten sich zumindest in Deutschland noch bedeckt, natürlich in Angst davor, Kunden oder Mitarbeiter vor den Kopf zu stoßen. Sie müssen eben (anders als die zitierten Agenturen) beispielsweise davon ausgehen, dass auch unter ihren Arbeitern und Angestellten AfD-Wähler stecken, ebenso wie unter den Kunden. Diese will man nicht provozieren. Aber genau an dieser Stelle würde Haltung spannend.

In der deutschen Gesellschaft insgesamt spielt Haltung momentan vor allem im innenpolitischen Diskurs eine Rolle. Dabei verhandelt wird implizit aber immer auch die Möglichkeit und Sinnhaftigkeit eines Außenblickes. In unserer Haltung zu innenpolitischen Debatten präsentieren wir parallel immer auch unsere Haltung zum Land als Ganzem und zu seiner weltpolitischen und globalkulturellen Verortung. Dies hat auch Lina Bo Bardi getan. Ihre politische Haltung hängt eng mit ihrem Schritt aus Europa nach Brasilien zusammen – beziehungsweise der Schritt produzierte und artikulierte diese Haltung. Ihre Arbeit für das Volkskunstmuseum von Salvador, das sie gründete und bis zum Beginn der Militärdiktatur leitete, war nicht exotistisch, sondern politisch motiviert: Sie war nicht gegen die Möglichkeiten der Moderne, sondern hoffte, deren emanzipative Potenziale in der Verbindung mit traditionellen Handwerks- und auch Glaubenspraktiken der gesamten Gesellschaft zu erschließen.

Lina Bo Bardis Haltung ist mit ihrem räumlichen Werdegang eng verknüpft. Sie kam aus Italien und kehrte dem kriegszerstörten Europa in den späten 1940er Jahren bewusst den Rücken. Dabei dürfte nicht so sehr das architektonische Desaster des Krieges selbst sie vertrieben haben, sondern die restaurative Atmosphäre danach. In diesem Move steckt für sie als europäische Architektin mit Wurzeln in Italien, einem Mutterland guter Architektur und gestaltungsorientierter Firmenfreude, definitiv ein politischer und für Europäer durchaus unbequemer politischer Akt. In ihm artikuliert sich ein klarer, auch nicht unbedingt entlang klassischer rechts-links-Linien deutbarer Entscheid zugunsten einer dynamischeren gestalterischen Atmosphäre jenseits der damaligen europäischen Stagnation. In diesem Schritt kann man durchaus auch eine Parallele zur heutigen Lage sehen. Auch heute sind mir Architekten bekannt, die den rigiden Bauvorschriften Deutschlands entfliehen, um in anderen Metropolen, etwa in Mexiko-Stadt, zu arbeiten. Hiermit verbunden ist durchaus ein politisches Statement, über das europäische und auch deutsche Entscheider in Politik und Wirtschaft nachdenken müssen. Diese Architekten nutzen die Chancen der Globalisierung, sie spüren weltweit nach Innovationspotenzialen, wie man im Wirtschaftsjargon sagen würde. Dieses Forschen nach der Möglichkeit, sich selber innovativ auszuleben, und das ohne Rücksicht auf Verluste in Sachen Reputation oder staatliche Fördergelder, ist eine Haltung, die Lina Bo Bardi vielen Entscheidern in Politik und Wirtschaft von heute tatsächlich voraushat.

Indirekt positioniert sich Bo Bardi damit auch zum Konzept der Kultur und zu bestehenden Kulturen. Ihr Schritt aus Italien und Europa heraus bedeutet ja nicht, dass für sie das Konzept der nationalen und regionalen Kultur nichts bedeutete. Sie verhält sich dadurch vielmehr bewusst und explizit zur italienischen und europäischen Kultur. Und sie dokumentiert, wie sie in sich die Kombination unterschiedlicher regionaler Kulturen als gestaltungsfördernd begreift.

In genau diesem Sinn ist ihre Haltung auch heute noch aktuell; es muss heute in derselben Weise Position bezogen werden. Wir müssen uns zu Kulturen verhalten, gerade weil der Grenzüberschritt heute für viele leichter denn je ist. Und zugleich werden Grenzüberschritte unterschiedlicher Institutionen und Akteure heute gesellschaftlich und medial genauestens beobachtet. Zahlt Franz Beckenbauer noch in Deutschland Steuern oder in der Schweiz? Produziert BMW noch in den USA Autos oder in Mexiko? Liebt Ai Weiwei Berlin oder hasst er es? All dies sind Debatten, die nationale Einheiten diskutieren, und zwar in deren Verhältnis zur Globalisierung.

De- und Renationalisierung zugleich
Auch die Kulturtheorie adressiert in diesem Sinne die Konzepte der De- und Renationalisierung als simultane Prozesse, die einander bedingen. Der japanische Soziologe Koichi Iwabuchi hat viel über diese Parallelkonzepte

geschrieben. Für ihn erzeugt die Intensivierung transnationaler medialer Flows zwei Dinge zugleich: einerseits eine Destabilisierung nationaler kultureller Grenzen – und andererseits die Perspektivverschiebung in Richtung auf eben diese Grenzen (Iwabuchi 2018). Die Aufhebung von Grenzen macht Grenzen zum Thema. Das heißt: Wir müssen uns zur Globalisierung verhalten, müssen uns eine Position dazu bilden, welche Grenzen wir akzeptieren, wie wir diese artikulieren, wie wir mit ihnen arbeiten.[1]

Auch jedes Unternehmen ist gefordert, seine eigene Strategie zur Globalisierung intern zu definieren und extern zu artikulieren. Welche Grenzen werden dabei betont, welche nicht? Welche Regionen spielen eine Rolle, welche nicht (mehr)? Die Welt ist keine homogene Einheit, sondern bietet zahllose politische, kulturelle und soziale Unterschiedsdimensionen. Je intelligenter und auch flexibler ein Unternehmen mit diesen umgeht, desto erfolgreicher wird es in einer natürlich globalisierten und global bleibenden Wirtschaftswelt (Cohen und Stephen 2007). Zurückdrehen lassen wird sich die Globalisierung nicht. Das wäre, den Sehnsüchten mancher Nostalgiker zum Trotz, auch nicht wünschenswert. Die Proklamation einer globalen Einheitlichkeit der Welt indes wirkt gleichermaßen naiv. Lina Bo Bardi wusste dies immer.

Literatur

Cohen, S. D., & Stephen, D. (2007). *Multinational corporations and foreign direct investment: Avoiding simplicity, embracing complexity*. Oxford: Oxford University Press.

---

[1]Zur kulturellen Komplexität des Konstruktes Grenze siehe auch mein Buch über die Grenze USA-Mexiko (Gutzmer 2018).

De Oliveira, O. (2006). *Subtle substances. The architecture of Lina Bo Bardi*. Barcelona: Editorial Gustavo Gili.
Gutzmer, A. (2018). *Die Grenze aller Grenzen. Inszenierung und Alltag zwischen den USA und Mexiko*. Hamburg: Kursbuch Edition.
Habermas, J. (2020). Moralischer Universalismus in Zeiten politischer Regression. *Leviathan, 48*(1), 7–28.
Hatton, B. (2015). Travails with an agonism aunt: „How is architecture political?" with Chantal Mouffe, Pier Vittorio Aureli, Reinhold Martin, Ines Weizman and Sarah Whiting. *Architectural Research Quarterly, 19*(1), 13–17.
Heilmeyer, F. (2011). Lina Bo Bardi. *Baunetzwoche* (Bd. 229), S. 4–25. https://www.baunetz.de/baunetzwoche/baunetzwoche_ausgabe_1668037.html. Zugegriffen: 12. Dez. 2019.
Iwabuchi, K. (2018). Globalization, Culture, and Communication: Renationalization in a Globalized World. *Oxford Research Encyclopedia of Communication*. https://oxfordre.com/communication/view/10.1093/acrefore/9780190228613.001.0001/acrefore-9780190228613-e-631. Zugegriffen: 1. Feb. 2020.
Mouffe, C. (Hrsg.). (1999). *The challenge of Carl Schmitt*. London: Verso.
Mouffe, C. (2013). *Agonistics: Thinking the world politically*. London: Verso.
Reemtsma, J. P. (1. Februar 2020). Bei Worten sind Übergrößen zu vermeiden. *Süddeutsche Zeitung, 10*.
Reichert, K. (2015). Lina Bo Bardi (20.2.2015). *Frieze*. https://frieze.com/article/lina-bo-bardi. Zugegriffen: 30. Dez. 2019.
Scholz, L. (2015). Mit Agonistik gegen den Konsensdruck (27.1.2015) Deutschlandfunk. https://www.deutschlandfunk.de/postdemokratie-mit-agonistik-gegen-den-konsensdruck.700.de.html?dram:article_id=315899. Zugegriffen: 27. Jan. 2020.
Sloterdijk, P. (2009). *Du musst Dein Leben ändern. Über Anthropotechnik*. Frankfurt a. M.: Suhrkamp.

5

Christian Norberg-Schulz: Fetisch und Produktivität des Genius Loci

Zusammenfassung Das Konzept des Genius Loci ist der Versuch, Architektur lokal zu verankern und ihr damit ein neues „Eigenes" zu geben. Dieses Kapitel arbeitet das Wesentliche dieses Ansatzes von Christian Norberg-Schulz heraus und entwickelt den Begriff weiter in Richtung eines konstruktiven Umganges auch mit hochproblematischen Orten. Anschließend wird diskutiert, wie auch die Unternehmenswelt mit dem spezifischen Genius eines konkreten Loci arbeiten kann. Dabei wird deutlich, dass Genius Loci und globale Firmenaktivität keinen Widerspruch bilden müssen, sondern sich ergänzen können.

Für jemanden, der vor allem für die Beschwörung des Lokalen steht, ist der frühe Werdegang von Thorvald Christian Norberg-Schulz überraschend international. Seine Kindheit verbrachte er im norwegischen Oslo. Architektur studiert er dann aber zunächst in Zürich, wo er an der ETH im Jahr 1949 sein Studium abschloss. Danach ging es nach Rom und über ein Fulbright-Stipendium an die Harvard University. Norberg-Schulz promovierte 1964 am Norwegischen Institut für Technologie im Fach Architektur; anschließend lehrte er als Professor an der Yale University, 1974 als Gastprofessor am Architekturdepartment des MIT sowie von 1966 bis 1992 an der Oslo School of Architecture and Design.

Norberg-Schulz wird heute zur einer nachfolgenden Generation der Architekturmodernisten gezählt, die dafür stehen, manche Dogmen eines primär technisch determinierten Funktionalismus in Frage zu stellen. Ein solches Dogma ist die globale Einheitlichkeit der architektonisch besten Lösung. Dem stellte Norberg-Schulz den Begriff des „Genius Loci" entgegen. Es ging ihm immer darum, das Ortsspezifische zu erkennen und in konkrete Gebäude zu überführen, die so eben nicht „überall" stehen können.

Er arbeitete auch als praktischer Architekt; die Reihenhäuser, die er teils in Gemeinschaft mit dem Architekten Arne Korsmo in Oslo realisiert, wurden durchaus stark rezipiert. Noch wichtiger als die gebaute Realität war ihm aber immer die theoretische Unterfütterung des Bauens. 1963 erschien die Originalausgabe seines Buches „Intentions in Architecture", mit dem seine Arbeit an eigenen theoretischen Konzepten begann. Dessen deutsche Ausgabe erschien 1965 in der damaligen Reihe „Ullstein Bauwelt Fundamente" unter dem Titel „Logik der Baukunst" mit einer Vorbemerkung des Schweizer Soziologen und Ökonom Lucius Burckhardt. Burckhardt zufolge stellte Norberg-Schulz „die Architektur in einen größeren Bezugskreis" und öffnete sie den verschiedenen durchaus divergenten Dimensionen, die sich aus außerarchitektonischen Parametern für das Bauen ergeben – ganz dem gemäß, was, wie ich bereits im Vorwort schrieb, im Spannungsfeld zwischen Architektur und Soziologie insgesamt fehlt. Es gehe darum, so Burckhardt, den Funktionalismus tatsächlich kritisch zu hinterfragen und eine Architektur zu schaffen, die wieder ein emotionales wie rationales Verständnis bei den Menschen generiert.

Auf Basis dieser Vorüberlegungen lieferte Norberg-Schulz im Jahr 1979 sein gedankliches Hauptwerk ab: „Genius Loci: Towards a Phenomenology of Architecture". Mit starkem Bezug auf Heidegger umreißt Norberg-Schulz darin, weshalb man nicht umhin kommt, für relevantes Bauen den Weg einer „Architekturphänomenologie" zu gehen und eine „Phänomenologie des Ortes" zu formulieren.

Was aber ist dieser Genius Loci? In der Architektur und Raumplanung bezeichnet der Begriff grundsätzlich die baulichen Vorgaben und Merkmale eines Ortes, welche maßgeblich bestimmend für den Entwurf eines Architekten sein können und nach Norberg-Schulz sein sollen. Dabei geht es durchaus auch um einfache Elemente wie Grundstück und seine Lage sowie seine Einbettung in die direkte physische Umgebung. Diese determinieren die ökonomische wie ideelle Wertigkeit eines Grundstückes und eines potenziellen Gebäudes, seinen Charakter und seine Nutzungsmöglichkeiten. Aber Genius Loci ist mehr. Er setzt sich nicht nur aus Bodenbeschaffenheit, der Größe eines Areals und anderen messbaren Faktoren zusammen, sondern beinhaltet auch abstraktere, kultureller und subjektiver determinierte Komponenten wie das, was man unter Architekten gern die „Atmosphäre" eines Ortes nennt, seine „Aura". Diese hat etwas mit intersubjektiver Geschichte zu tun, aber auch mit individueller Erinnerung. In diesem Sinne ist der Genius Loci ein Konstrukt, in dem Wissen, Erinnerung, Wahrnehmung und Deutung als interpretative Leistungen zusammenfließen.

Wichtig nun: Der Genius Loci ist ein Faktor, der Freiheitsgrade schafft, nicht Gestaltung determiniert. Es geht darum, aus dem Ort einen eigenen Charakter, ein Ambiente zu extrahieren und sich davon inspirieren zu lassen und in diesem Sinne nachvollziehbare architektonische Setzungen abzuleiten. Dies kann nicht zuletzt bei der Einbindung historischer Bausubstanz konstitutiv sein. Es gilt dann, die Anknüpfungspunkte, die ein Ort bietet, aufzugreifen und aus ihnen mutige bauliche Statements zu formulieren, beispielsweise bei der Umwidmung alter Kirchenbauten. Aber auch Neubauten suchen nach dem Geist des Ortes.

Dies kann hochgradig abstrakte Formen annehmen und zu sehr grundlegenden, auch politischen Statements führen. Und es kann, wenn wir das Konzept des Genius Loci einmal ganz weit treiben wollen, sogar zu Extrembeispielen wie dem Jüdischen Museum in Berlin aus dem Jahr 1999 führen (auch wenn fraglich ist, ob Norberg-Schulz diesem weiten Aufspannen seines Konzeptes selber noch folgen wollen würde). Dennoch – unternehmen wir das Gedankenspiel. Wir erinnern uns: Daniel Libeskinds Erweiterungsbau spiegelt mit seiner gezackten Form einen zersplitterten Davidstern und bezieht sich auf etwas abstrakterer Ebene darüber hinaus insgesamt auf die seit 1933 zerbrochene Linie der deutsch-jüdischen Geschichte. Das wäre noch keine Arbeit mit einem Genius Loci. Diese kann man aber in Libeskinds Fassade durchaus erkennen. Denn diese interagiert mit dem Ort. Jede der vielen Diagonalen, in Fenstern, Wänden, Decken und Fußböden soll sich auf einen Ort in Berlin mit jüdischer Geschichte beziehen. So spannt sich ein Erinnerungsgewebe über die Stadt – und so wird auch mit einem in diesem Fall hochgradig tragischen Ortsgenius gearbeitet. Libeskind zeigt hier, dass der Genius eines Ortes durchaus radikal negativer, ja desaströser

Natur sein kann. Gerade auch mit diesem Ortsgeist aber kann und muss die Architektur arbeiten, um kulturell relevant zu sein.

Genius Loci und Identität
Ioan (2005) verweist darauf, dass mit dem Genius Loci auch ein Themenbereich angesprochen wird, der gerade auch heute in der politischen Diskussion eine wichtige Rolle spielt: die Idee der „Identität". Es geht um die Identität von Orten. Und damit ist man dann eben bei dem Philosophen Martin Heidegger und der Rolle des Raumes für die menschliche Befindlichkeit und das humane Selbstverständnis. Die Architektur materialisiert eine Art existentiellen Raum, indem sie den Genius Loci physisch herausarbeitet und damit für den Menschen nicht nur verständlich macht, sondern aus ihm reale Lebensweisen ableitet. Im existentiellen Raum können wir uns orientieren, „denn der konkrete Raum hat Zentren, Richtungen und Rhythmus, er hat Charakter" (ebd., S. 40).

Für Christian Norberg-Schulz, schreibt Ioan, haben alle Orte Charakter („ein Ort ist ein Raum mit einem bestimmten eigenen Charakter"). Ansonsten wäre man beim Konzept der Nonplaces nach Marc Augé. Orte, Places hingegen versteht Norberg-Schulz als Gegebenheiten, die, in der Summe, Welt ausmachen. Der Charakter des Ortes ist nun einerseits eine Funktion der Zeit, denn er ändert sich mit den Jahreszeiten, dem Wetter, ändert sich durch Helligkeit und Dunkel, Tag und Nacht. Andererseits arbeitet Ioan heraus, dass für den norwegischen Architekten unter all diesen Schwankungen ein Gemeinsames liegt, etwas, in dem alle Begebenheiten, alle Formen der Manifestation dieses Ortes aufgehoben sind.

Die Frage stellt sich aber natürlich: Wie wird dieses Gemeinsame herausgearbeitet? Oder genauer: Wer ist an seiner Herausarbeitung beteiligt? Die Stadttheoretiker Gunila Jive´n und Peter J. Larkham (2003) verweisen drauf, dass hier natürlich nicht die Architekten, Landschaftsarchitekten oder Stadtplaner die Oberhoheit haben und noch viel weniger etwa Stadtentscheider, die im Sinne des Placemaking und Urban Branding ein kohärent erzählbares und marketingtechnisch nutzbares urbanes Narrativ entwickeln wollen. Die beiden arbeiten heraus, dass Charakter, Genius Loci und so etwas wie ein „sense of place" verwandte, aber nicht identische Phänomene sind. Der individuelle oder auch geteilte sense of place generiert den Genius Loci. Um zu verstehen, wie er das tut, gilt es, die Menschen zu befragen, die einen Ort nutzen, nach ihren Erfahrungen und nach deren kommunikativer Verbreitung. Und diesen Aspekt würde ich sogar noch ergänzen wollen. Denn es geht nicht nur um eine *kommunikative,* sondern auch um eine *mediale* Verarbeitung. In einer hypermedialisierten Gesellschaft trägt die mediale Spiegelung eines Ortes eben auch zu dessen Genius Loci bei.

Eines sei hier klar gesagt: Auch diese Überlegung stellt eine massive Weiterentwicklung von Norberg-Schulz dar. Doch komplett von ihm entfernt hat sich meine Darstellung damit nicht. Ihm ging es schon auch darum, dass mit einem Ort gearbeitet werden muss und dieser erst so zu einem Charakter kommt. Es handelt sich bei seinem Ansatz nicht um eine gewissermaßen „architekturbezogene Naturphilosophie". Ioan (2005) geht genau hierauf umfänglich ein. Er zeigt, dass für Norberg-Schulz der Charakter eines Ortes davon abhängt, wie die Dinge sich „zeigen". Hier greift der technische Fortschritt – und mit ihm die Architektur. Orte, wie die Natur sie uns anbietet, haben die Möglichkeit, Charakter zu entwickeln, wenn durch vernünftiges, aber auch durch inspiriertes Bauen ihre Kraftlinien freigelegt oder nachgezeichnet werden. Das heißt, der Architekt ist in diesem Sinne ein „Charakter-Herausarbeiter".

Norberg-Schulz zeigt hier seine Beziehung zu Heidegger und dessen „*techne*"-Konzept. *Techne* ist für Heidegger die Fähigkeit, etwas als dieses oder jenes in Erscheinung treten zulassen, zu entbergen. Nichts anderes tun Architekten. Bauen in diesem Sinne bedeutet für Norberg-Schulz, eine Relation zwischen den Grundregeln der Konstruktion und einer der Aufgabe oder dem Ort entsprechenden Form zu finden. Aber, und damit sind wir wieder bei der medialen Spiegelung, in diesem Findungsprozess muss der Ort selber entgrenzt, multidimensional gespiegelt und vervielfältigt gedacht werden. So gelangt man letztlich zur Entbergung noch viel breiterer Elemente des Ortsgeistes – und letztlich zu einer Art Genius Loci 2.0.

Und erst in dieser Dimensionsaddition wird es auch möglich, den Geist des Ortes wie im obigen Libeskind-Beispiel geschehen mit potenziellen Ungeistern zu kombinieren, die ebenfalls in ihm sitzen – häufig jedoch verborgen. Das ist radikal gedacht, und es ist sicher nicht unbedingt „schön". Aber es ist realistisch und verweist auf Wege, Architektur mit einer sozial andockfähigen Haltung zu versehen. Norberg-Schulz und seine gedanklichen Ansätze tragen dies.

Die Alternative ist nur das Ausradieren des Ortsgeistes. Diese sieht Ioan auch tatsächlich als legitime Strategie an. Es sei möglich, einem Ort die Identität, den ihm eigenen Charakter zu nehmen, ihn komplett zu „entleeren" im Sinne von zu „befreien". Das aber wäre schon eine neue Rolle des Architekten, weit jenseits jener, die Norberg-Schulz ausformuliert. Die Architektin ist dann nicht mehr die, die genau zuhört, die entbirgt, was der Ort ihr und uns allen zu sagen hat, und die dessen Vorgaben im Herzen wägt, die aber keinesfalls mit einem anderen Charakter daherkommt, den er dem Ort etwa aufzwingt. Für Ioan gibt es Orte, in denen durch Abriss und Wiederaufbau die Präexistenz des Ortes endgültig zerstört wurde. Solche Orte hätten ihren guten Geist verloren, ihr Genius Loci zeige sich nicht mehr, so Ioan.

Aber ist das wirklich so? Ich bin mir da nicht so sicher. Hat etwa der demnächst abgeschlossene Wiederaufbau des *Berliner Stadtschlosses* durch den italienischen Architekten Franco Stella den Genius des *Palastes der Republik,* der dort vorher stand, vollständig beseitigt? Aus meiner Sicht ist es nicht nötig, dies gedanklich zu setzen. Heinz Graffunders *Palast der Republik* ist durchaus noch virtuell präsent an diesem Ort. Das heißt, auch durch politisch motivierte Abrissaktionen radikal transformierte Orte haben doch noch einen Genius, mit dem sich arbeiten lässt – wenn auch möglicherweise in eher konfrontativer Weise. Ioan hält solche Strategien für unmöglich. Für solche Situationen halte Norberg-Schulz keine Antworten bereit. Wie solle der Architekt sich verhalten, welche der Einzelformen soll er aus der verwirrenden Vielfalt auswählen, um das Verlorengegangene erneut zu beleben? Nun, Libeskind in Berlin liefert Anhaltspunkte.

Nun ist damit natürlich nicht gesagt, dass es Haltung definierend sein muss, zwangsläufig jede vergangene Negativ-Begebenheit einer Location als konstitutiv für deren Genius Loci zu erklären. Hier kommt es auf eine möglichst ganzheitliche Abwägung an. Doch mit dem Konzept ist der Architekt oder Stadtplaner aufgefordert, genau hinzuschauen und dabei auch den ehrlichen Blick auf die Geschichte in all ihrer Widersprüchlichkeit nicht zu scheuen. Genauso ist einer zu einfachen räumlichen Abkapselung eine Absage zu erteilen. Nicht jeder schwierige Kontext ist schon deshalb gestalterisch uninteressant. Es kommt auf einen kreativen und mutigen Umgang mit diesem an.

Das gilt nicht nur für Architekten und Planer, sondern umso mehr für ökonomische Akteure, die ein Potenzial darin sehen, ihre Haltung zum Konzept des Genius Loci zu reflektieren oder auf die Einstellung und Wahrnehmung unterschiedlicher Orts-Atmosphären eine Haltung aufzubauen. Wenig überraschend, ist das Genius Loci-Konzept im Zuge der Wiederentdeckung des Stadtraumes durch unterschiedliche unternehmerische Disziplinen wieder an die Oberfläche vieler einschlägigen Fachpublikationen gelangt. Speziell das Marketing liebt das Konzept. Leider wurde im Zuge der Apropriierung von Genius Loci-Ansätzen im Marketing oft genau das Spezifische des Genius Loci-Denkens, das Schürfen nach verborgenen Schichten, zugunsten einer allzu einfachen Anwendbarkeitseuphorie vernachlässigt. Ein Beispiel dafür liefert ein Aufsatz des Marketingwissenschaftlers Michael Volgger (2019). Der Text trägt die Headline „Staging genius loci: Atmospheric interventions in tourism destinations". Und wie dieser Titel schon sagt, geht der Autor davon aus, dass man einen Genius Loci quasi nach Belieben inszenieren, ihn zu einer Bühne für eine Marke ausbauen kann.

Der Genius Loci wird bei Volgger zum simplen Instrument der Produktentwicklung in Tourismusdestinationen. Volgger entwirft einen einfachen schematischen Prozess für atmosphärische Interventionen, also Interventionen, die eine angestrebte Atmosphäre schaffen. Der Prozess beginnt mit einer Analyse des atmosphärischen Kontextes für touristische Erlebnisse. Darauf folgt in dem Volgger-Modell der Schritt der Transformation von Atmosphären. Recht viel Planungsoptimismus also – wobei man anmerken muss, dass der Wissenschaftler sich der Schwierigkeit solcher Modelle durchaus bewusst ist. Folgerichtig ruft er letztlich zumindest noch zu einer gewissen Bescheidenheit auf und verweist darauf, dass komplett dekontextualisierte Versuche, Atmosphären von Grund auf neu zu gestalten, nicht unbedingt funktionieren. Aber sein Modell redet genau solchen Versuchen das Wort.

Dabei ist das Konzept des Genius Loci von Relevanz nicht nur für den schmalen Bereich des Space Branding. Es ist auch nicht nur im Marketing anwendbar. Wenn wir von Haltung sprechen, ist viel spannender zu überlegen, in welchem Maße die Orientierung am Besonderen konkreter Örtlichkeiten durch ihre Verankerung im Wertegerüst von Unternehmen auch die Unternehmensstrategie insgesamt beeinflussen kann. Hiermit ist essenziell die Position großer Unternehmen in einem globalen Wettbewerbsumfeld angesprochen. Recht bekannt ist ja die Stufentheorie der Globalisierung von Unternehmen nach den Managementdenkern Christopher Bartlett und Sumantra Ghoshal. Danach folgen zunehmend intensivere Vereinheitlichungen einander in einem iterativen Prozess, ehe im finalen Schritt situativ zwischen globaler Vereinheitlichung und Re-Lokalisierung aller Unternehmenseinheiten hin und her gesprungen werden kann. Das Stichwort hier: das „transnationale Unternehmen".

Doch genau dieses Konzept leidet bis heute unter einer gewissen inhaltlichen Fleischlosigkeit. Es hat die Managementliteratur wie auch die Unternehmenspraxis in den vergangenen 25 Jahren extrem beschäftigt, aber auch immer wieder Fragen aufgeworfen. Was genau ist denn dieses transnationale Unternehmen, im Unterschied zum globalen Unternehmen, dem Vorgängermodell, auf das sich noch die meisten Managementautoren einigen konnten? Worin genau bestehen jene „Netzwerke", die Bartlett und Ghoshal zufolge die neue transnationale Unternehmensrealität bestimmen? Und wie könnten sie aussehen, die von den Managementautoren Djodat und zu Knyphausen-Aufseß (2017) eingeforderten Parameter zur präziseren Beschreibung von Netzwerken und zur Abgrenzung von Netzwerkgrenzen?

Unternehmerische Startups als strategisches Going-Urban
Djodat und zu Knyphausen-Aufseß erweitern die Ausgangstheorie vor allem um Sichtweisen aus der Theorie des *Unternehmertums. Entrepreneurship* hat danach eine positive Auswirkung auf die betrachteten Netzwerke. Und das mag in der Realität tatsächlich auch so sein. Die Frage ist nun, ob nicht auch Unternehmerinnen(-persönlichkeiten) durch einen Blick auf die Spezifika konkreter Orte profitieren beziehungsweise ob es nicht großen Unternehmen angeraten wäre, durch eine Neu-Verbindung zu konkreten Orten und deren Spezifika ein Stück weit Abstand zu nehmen von der reinen Abstraktheit global einheitlicher Konzernstrukturen.

Interessanterweise passiert dieses ja momentan in vielen Konzernen bereits bis zu einem gewissen Grad. Das Stichwort hier: Startup-Kultur. Großkonzerne kaufen reihenweise kleine, meist in urbanen Settings angesiedelte Startups dazu. Manche gehen auch den sicher beschwerlicheren, aber bei Erfolg klarere Wettbewerbsvorteile versprechenden Weg, intern eigene Startup-Strukturen aufzubauen. Letztere sitzen dann häufig nicht in der Konzernzentrale, sondern ebenfalls in urbanen Zentren, an für kreativ gehaltenen Hotspots, in denen die städtische Widerständigkeit scheinbar häufig eine Form der Innovationsfreude hervorbringt, die sich in den abgeschotteten Glastürmen der Konzernzentralen so nicht generieren lässt. In jedem Fall ist die momentan zu beobachtende unternehmerische Startup-Offensive auch eine Offensive in Richtung Neuverankerung von Großunternehmen in der Stadtkultur.

Es wäre in diesem Kontext spannend, das Konzept des Genius Loci wirklich als Schablone für erfolgreiches Management ernst zu nehmen und wie ein Brennglas auf die Startup-Flirt-Aktivitäten der besagten Großkonzerne anzuwenden. Oder, um noch einen Schritt vorher anzusetzen, schon bei einer Untersuchung unterschiedlicher Startup-Ökosysteme als solcher wäre es spannend nachzuverfolgen, welche Rolle der Geist des Ortes für die jeweilige metropolitane Startup-Kultur wirklich spielt. Warum sitzen beispielsweise so viele Startups in Tel Aviv, oder in Rotterdam (Nientied 2018)? Warum wird die Metropole Los Angeles zunehmend zum neuen Anlaufpunkt vieler Firmen aus dem Silicon Valley? Was spielt jeweils der Ort für eine Rolle, welche Effekte haben die Architektur, die Stadtgeschichte, das Klima? Welche Rolle spielt als Bezugspunkt in Rotterdam der Hafen und die ökonomischen Transformationen, die mit dem Outsourcen der ehemals zentrumsnahen Hafenaktivitäten an einen der Stadt vorgelagerten Container-Großhafen einhergehen?

Dies sind, zunächst einmal, akademische beziehungsweise wirtschaftsbetrachterische Fragen. Für Unternehmen wird es darum gehen, zu verstehen, dass der Bezug der unternehmensstrategischen Aktivitäten auf konkrete Einflussfaktoren an identifizierbaren Orten keine Schwäche darstellt, keinen Umweg auf dem Pfad hin zu einem umfassend globalen Denken und Handeln, sondern dass genau dieses globale Denken und Handeln von Bezügen zu konkreten Orten profitieren kann. Der Genius Loci kann Unternehmen inspirieren. Darauf folgend dürfte es dann möglich sein, intensivere Formen der Befassung mit Orten und ihren Spezifika zu etablieren. Die Herausforderung wird dann darin bestehen, auf Basis dieser Analysen auch die konkrete Unternehmenspolitik zu verändern – in Strategie, in Forschung & Entwicklung, in

Produktion, in Marketing und Kommunikation. Idealerweise atmet die gesamte Wertschöpfungskette den Geist des Genius Loci. Das Ergebnis wird in jedem Fall ein in höherem Maße Uniques sein. Unternehmen, die einen Sinn für den Genius Loci in ihrer Haltung etablieren, sind eines nicht: austauschbar.

Genius Loci und Globalisierung

Mit einer solchen Befassung würde auch ein umfassenderes Lieblingsthema der Managementlehre der vergangenen 30 Jahre neuen Rückenwind erhalten: Die Frage, wie Unternehmen und Gesellschaften zur Globalisierung stehen. Lange galt Globalisierung als der unternehmerische Königsweg und gesellschaftlich zumindest als unabwendbar. Das ist heute nicht mehr so. Unternehmen merken, dass weltweit zu agieren nicht ganz einfach ist. Und gesellschaftlich erleben wir einen beträchtlichen Globalisierungs-Backlash. Es erfolgt, nicht erst seit der Corona-Krise, scheinbar gerade eine Redefinition dessen, was überhaupt unter Globalisierung zu verstehen ist.

Eigentlich wussten wir ja schon von Peter Sloterdijk (2005), dass die Globalisierung als Prozess im Grunde längst an ihr Ende gelangt ist. Sloterdijk meinte aber, sie sei quasi vollendet. Momentan wird sie von Sozial- wie Wirtschaftswissenschaftlerinnen vor allem in Hinblick auf mögliche Schwächesymptome betrachtet. Sie gilt als kriselnd.[1] Die Feststellung einer ganz umfassenden

---

[1] Diese Krise erfährt, während ich diese Zeilen schreibe, durch die momentane Großwetterlage eine massive Befeuerung. Das Stichwort: Corona. Während dieses Buch entsteht, befindet sich die Welt inmitten der Corona-Krise. Sämtliche Mechaniken einer globalisierten Produktivität stehen in diesem Zuge unter Beschuss. Flugreisen werden eingeschränkt, die globalisiert vernetzte Wirtschaft leidet an ihrer Vernetzung. Die Global Flows des Weltkapitalismus sind temporär eingeschränkt bis unterbrochen.

„Entglobalisierung" geben die Zahlen zwar noch nicht her, und wie schon im Vorkapitel erwähnt, bin ich auch skeptisch, ob dies gesellschaftlich oder ökonomisch wünschenswert wäre. Dennoch muss konstatiert werden, dass sich ein Unbehagen breit macht und die Frage aufkommt, wie viel Globalisierung man eventuell eben doch „wieder zurückdrehen" könnte.

Letztlich aber dürfte es weniger um ein Zurückdrehen gehen als um die Neuverhandlung, wie globale Interaktionsprozesse künftig aussehen und welche Rolle dabei unterschiedlich breit definierte räumliche Ebenen spielen (Straße, Stadtteil, Stadt, Region etc.). Hier kann das Konzept des Genius Loci helfen. Und das kann es umso besser, je intensiver und ganzheitlicher es in die Haltungen unterschiedlicher Akteure Einzug hält. Dieser Einzug ist wiederum umso stärker nutzbar, je intensiver er konzeptionell, kommunikativ oder auch medial reflektiert wird und zum Objekt transnationaler Kommunikationsprozesse wird – in Unternehmen und in raumwissenschaftlichen Fachdebatten ebenso wie in der öffentlichen Meinung einer transnationalen beziehungsweise sich transnationalisierenden Media-Sphäre.

Literatur

Burckhardt, L. (1965). Christian Norberg-Schulz, Logik der Baukunst. In U. Conrads (Hrsg.). *Bauwelt Fundamente Ullstein*. Nr. 15. Braunschweig: Vieweg & Sohn.

Djodat, N., & zu Knyphausen-Aufseß, D. (2017). Revisiting Ghoshal and Bartlett's Theory of the multinational corporation as an interorganizational network. *Management International Review, 57*(3), 349–378.

Ioan, A. (2005). Heidegger hat keinen Raum in postkommunistischen Städten. *Bauwelt, 24,* 34–43.

Jive´n, G., & Larkham, P. J. (2003). Sense of place, authenticity and character: a commentary. *Journal of Urban Design, 8*(1), 67–81.

Nientied, P. (2018). Hybrid urban identity—The case of Rotterdam. *Current Urban Studies, 6*(1), 152–173.

Norberg-Schultz, C. (1979). *Genius loci. Towards a phenomenology of architecture.* New York: Rizzoli.

Sloterdijk, P. (2005). *Im Weltinnenraum des Kapitals: für eine philosophische Theorie der Globalisierung.* Frankfurt a. M.: Suhrkamp.

Volgger, M. (2019). Staging genius loci: Atmospheric interventions in tourism destinations. In M. Volgger & D. Pfisterer (Hrsg.), *Atmospheric turn in culture and tourism: Place, design and process impacts on customer behaviour, marketing and branding.* New York: Emerald Publishing.

6

Rem Koolhaas: Bigness, Ambiguität und architektonische Wehrhaftigkeit

Zusammenfassung Rem Koolhaas baut groß in den Metropolen dieser Welt – nicht nur in Europa. Dies bringt ihm und seinem Büro OMA auch Kritik ein. Meine These aber: Die OMA-Architektur ist kein Exempel für unkritisches Unterstützen problematischer Regimes. Vielmehr integriert Koolhaas die Ambiguität den Bauherren gegenüber in seine Gebäude. Seine Architektur ist kritisch, ohne den eigenen ambivalenten Charakter aus den Augen zu verlieren. Die Frage, die dieses Kapitel diskutiert: Können Manager sich diese Form von Ambiguität zu Eigen machen? Und lässt sie sich sogar in die Formulierung und Umsetzung unternehmerischer Strategien integrieren?

Meine längste Zusammenkunft mit Rem Koolhaas dauerte eine gute halbe Stunde lang, die Beschäftigung mit dem Zustandekommen dieses Treffens hingegen mehrere Tage.

Koolhaas war in München, und in meiner Eigenschaft als Chefredakteur des Wirtschaftsmagazins „think:act" der Unternehmensberatung Roland Berger wollte ich ihn interviewen. In think:act veröffentlichten wir damals viel und gern Gespräche mit und Texte über Kreative aus nicht originär wirtschaftlichen Bereichen. Die Idee dahinter war jeweils, dass derlei Blicke über den Tellerrand die Topmanager von heute, die Kunden von Roland Berger, inspirieren und ihnen „Food for Thought" (so der Name der entsprechenden Rubrik im Heft) liefern könnten. Die Entscheider sollten ein wenig aus ihrer Komfortzone herausgeholt werden. Dafür schien uns Koolhaas der Richtige. Er war medienaffin, hatte sich viel mit der Gedankenwelt großer Konzerne wie VW beschäftigt und den Kapitalismus auch schon mal kritisch hinterfragt, ohne andererseits dem Verdacht kommunistischer Umtriebe ausgesetzt zu sein.

Das Problem: der Mann war (und ist bis heute) viel beschäftigt. Mehrfach ließen er oder seine Assistenten avisierte Interviewtermine platzen. Schließlich war seine Zeit in München beendet. Ich sah mein Interview platzen. Letzte Chance: Sein Weg zum Flughafen. Ich setzte mich also kurzerhand zu ihm ins Taxi, bat den Taxifahrer, ein paar Schleifen mehr zu drehen, und führte das Interview – es wurde ein durchaus interessantes.

Und es war bei weitem nicht das einzige interessante Interview mit dem Mann. Die Tatsache, dass Rem Koolhaas spannende Interviews am Fließband abliefert, sollte eigentlich auch nicht besonders überraschen. Denn „von Haus aus" ist er gar kein Architekt, sondern Journalist (Abb. 6.1). Koolhaas war er vor der Gründung seines Architekturbüros als Drehbuchautor tätig und arbeitete Ende der 1960er Jahre als Reporter bei dem damals hochinnovativen und experimentierfreudigen holländischen Wochenmagazin „Haagse Post".

Die Haagse Post war keine Architekturzeitschrift. Doch sie hatte in ihrer kritischen Faszination für die kapitalistische Realität der 1960er Jahre eine Position, die dem jungen Koolhaas gefallen musste. Der Architekturkritiker Bart Lootsma zitiert in einem Paper über Koolhaas und seine Zeit bei dem Magazin den damaligen leitenden Kulturredakteur und ein Manifest, das dieser publiziert hatte: „Kein Moralisieren, kein Interpretieren der Wirklichkeit, sondern ihr Verstärken. Ausgangspunkt: Die kompromisslose Akzeptanz der Wirklichkeit. Arbeitsweise: Isolieren, Aneignen. Ergebnis: Authentizität. Nicht die des Schöpfers, sondern der Information. Der Künstler ist nicht länger Künstler, sondern das kalte, rationale Auge" (Lootsma 2006, S. 13).

Der Künstler als das kalte, rationale Auge – so ähnlich wird sich auch Koolhaas selbst gesehen haben, zunächst einmal als Journalist, später dann auch als Architekt. *Architekturreporter* oder *-kritiker* im Wortsinne war er dabei in seiner rein publizistischen Frühzeit nicht. Doch er schrieb eben darüber – auch. So führte der Journalismus den Mann schließlich zur Architektur.

Dies geschah über den Umweg der Kunst. Für die Haagse Post interviewte Koolhaas Künstler, unter anderem den holländischen Künstler Constant. Dieses Interview war wohl eine Art Wegscheide. Constants utopisches Architekturprojekt „New Babylon" faszinierte Koolhaas jedenfalls. Das war wohl einer jener Magic Moments, die Koolhaas schließlich zur Entscheidung brachten, selber Architektur zu schaffen und Räume zu gestalten (zum Verhältnis von Koolhaas und Constant siehe noch einmal Lootsma 2006). Zwischen 1968 und 1972 studierte Koolhaas Architektur an der renommierten Architectural Association School of Architecture (AA) in London. Anschließend arbeitete er in den USA bei Oswald Mathias

Ungers an der Cornell University in Ithaca. Ungers war dort Architekturprofessor.

1975 erfolgte dann die Gründung des legendären Büros „Office for Metropolitan Architecture" (OMA). Partner waren damals neben Koolhaas' späterer zeitweiser (bis 2012) Ehefrau Madelon Vriesendorp die Architekten Elia und Zoe Zenghelis. OMA positionierte sich von Beginn an als Diskursbüro. Mit architekturtheoretischen Schriften, Lesungen und der Mitarbeit in diversen Kommissionen erlangte das Büro schnell eine eigene Stimme. Koolhaas selbst wurde Mitglied im „Rat der Weisen", einer Art Think Tank zur Zukunft Europas. 2014 kuratierte er die 14. Architekturbiennale in Venedig. In Harvard hat Koolhaas eine Professur inne und initiierte dort ein umfangreiches Forschungsprojekt zur Zukunft des urbanen Raumes, ein Projekt, das auch starken Niederschlag in den späteren Publikationen von OMA fand.

In ihrer Architektur sind die Projekte von Koolhaas und OMA durch ein hohes Maß an Abstraktheit und Ambiguität gekennzeichnet. Es scheint, als würden ihn gesellschaftliche Widersprüche und deren architektonische Spiegelung geradezu anziehen. Als schön oder auch nur sonderlich funktional gelten die Projekte eher nicht. Manche Kritiker meinen gar, die Schriften aus dem Büro seien besser als die Gebäude. Das ist sicher etwas einfach gedacht. Doch klar ist, dass es Koolhaas auf Gefälligkeit nicht primär ankommt. Seine Architektur basiert auf einem hohen Maß an konzeptueller Dichte und intellektueller Bezugsintensität, häufig auch zu Lasten von dem, was in der Architektur als funktionell gilt oder auch als kontextuell stimmig.

Wichtiges gedankliches Tool ist dabei das Diagramm. Diagramme spiegeln die oft breiten Recherchen, die konkreten OMA-Projekten vorausgehen und häufig sehr

6 Rem Koolhaas: Bigness, Ambiguität …

Abb. 6.1 Rem Koolhaas, fotografiert von seiner Tochter Charlie Koolhaas. (Courtesy of OMA)

konkret in die räumlichen Konzeptionen der Gebäude einfließen. Das Diagramm dient hierbei im Sinne eines visualisierten Rechercheergebnisses dazu, die Komplexität der jeweiligen Aufgabenstellung auf ein konzeptionell verwertbares Maß herunterzubrechen – ohne jedoch mögliche Widersprüche auszublenden. Im Gegenteil: Widersprüche sind gewollt. Diagramme, die diese dokumentieren, dienen demzufolge nicht nur als Kommunikationsmittel, sondern werden von OMA bewusst im Entwurfsprozess eingesetzt, um tragfähige oder auch nur interessante Konzepte zu generieren. Diese Art abstrakte Vervielfältigung dessen, was Architektur ist, hat im Zuge des dekonstruktivistischen Lesarten von Architektur Schule gemacht und führt unter anderem den Designtheoretiker David Sperling dazu, Architektur insgesamt als „digital diagram" zu bezeichnen (Sperling 2004). Auf Pinterest findet sich sogar eine Bildsammlung „OMA diagrams". Der Wille zur Abstraktion und zur Vervielfältigung der Bezugsgrößen ist auch ein Teil von dessen, was man als Koolhaas' „Haltung" bezeichnen kann.

Koolhaas, Meister der Diagramme

Oft wiederkehrendes Element in der konkreten Architektursprache Koolhaas' ist die räumliche Durchdringung konventioneller Raumkonzepte durch abstrakte, aber radikale Interventionen, bis hin zur Auflösung des starren Geschossbauens. Bei der *Kunsthal* in Rotterdam (1993) sind es schiefe Ebenen und Rampen, die die Geschosse miteinander verbinden. Bei der *Niederländischen Botschaft* in Berlin (2002) faltet sich eine „Trajekt" genannte Raumskulptur als Erschließung durch alle Geschosse. Der Saal des Opernhauses von Porto wirkt wie durch die skulpturale Massivität des Gebäudes einfach hindurchgesteckt.

In Berlin wird dieser Tage die Erweiterung des Firmensitzes des Medienhauses Axel Springer eröffnet. Das Gebäude bleibt zwar nach Ansicht mancher Betrachter in Sachen Radikalität hinter seinem konzeptionellen Uridee zurück (zur letzterer siehe etwa meine Interpretation in einem kulturwissenschaftlichen Fachaufsatz; Gutzmer 2018). Doch der Ansatz eines gebäudeinternen „Alley" passt sich natürlich in die raumtransformierende Programmatik der Architektursprache OMAs ein. Und es leuchtet ein, dass der journalistisch vorgebildete und vielleicht medialste aller lebenden Architekten ausgerechnet einem Medienhaus zu aktualisierter architektonischer Identität verhilft. Dass er mit Axel Springer sich dabei ein Medienunternehmen ausgesucht hat, das in der deutschen Politdebatte von vielen Traditionslinken bis heute kritisch gesehen wird, wirkt konsequent, gerade wegen der darin liegenden Provokation und dem Stück politischer Unkorrektheit.

Koolhaas liebt die architektonische Provokation, aber nicht um ihrer selbst willen, sondern um zu zeigen, dass die Architektur im Sinne der Verkomplizierung standardisierter

6 Rem Koolhaas: Bigness, Ambiguität ...

Raumprogramme durch Architekten gerade bei hochkontroversen Projekten immer eine Rolle spielt. Als subversiver Aushandlerin von Machtprozessen und -positionen kommt der Architektur heute eine wichtigere Funktion denn je zu – gerade in Zeiten eines räumlich dominanten Hyperkapitalismus (zum Begriff des Hyperkapitalismus und der Rolle der Architektur für diesen siehe etwa Graham 2006). Oder, in den Worten der Architekturhistorikerin Ellen Dunham-Jones (2013) gesprochen:

> „…right from the start, in the spirit of Bataille, OMA has rejected what it sees as the rigid, repressive and divisive order of architecture in favor of the fluid, dynamic and productive disorder of the capitalist, market-driven metropolis. This is most evident in how the firm's projects — from individual buildings to urban plans — interweave diverse programs as a way to induce the culture of congestion. But they break from Bataille — and from the culture of critique — in their ultimate embrace of the power of capitalism to drive change."

So ist es kein Zufall, dass eines seiner jüngsten Projekte die Renovierung und der Umbau der *Fondaco dei Tedeschi* in Venedig in ein Einkaufszentrum ist. Das Projekt verlief kontrovers und für OMA alles andere als schmerzfrei. Aber es passt, dass Koolhaas in Venedig aktiv ist. Die Stadt ist durch den momentan virulenten Kritikschwall wegen der überdimensionierten Ocean Liner auf dem Canale Grande ohnehin das Zentrum der Kapitalismuskritik. In dieser Situation ein traditionsreiches, zentral gelegenes Gebäude neben der Rialto-Brücke zu einem Kommerztempel umzubauen, ist natürlich eine Provokation und ein Tabubruch. Koolhaas liebt diese Art von Tabubruch, ebenso wie die Vorstellung, dass zur nächsten Architekturbiennale schlaubergernde Architekturtraditionalisten indigniert über den Ausverkauf ihrer Mekkastadt Venedig schwadronieren.

Die offensichtlichste Provokation aber hat sein Büro bereits ein paar Jahre zuvor in Beijing fertig gestellt. Sein asymmetrischer Turm für das chinesische Staatsfernsehen *CCTV* aus dem Jahr 2011 ist ein offensichtlicher architekturmoralischer Tabubruch höchsten Ranges. Hier arbeitet OMA quasi direkt für das neue Zentrum sinistrer Macht, für den Staatsfunk in einem faktisch radikal kapitalistischen Land, das zugleich mit Werten wie Pressefreiheit und Kontrolle der Mächtigen durch unabhängige Medien nichts am Hut hat.

Das Gebäude war schon vor seiner Eröffnung Objekt massiver Kontroversen und ist es wenig überraschend bis heute. Und es ist zunächst einmal nicht völlig von der Hand zu weisen, wenn Kritiker wie Douglas Spencer (2016, Kap. 4) Koolhaas und seinem damaligen Projektpartner Ole Scheeren vorwerfen, hier unter dem Deckmantel einer „kritischen" Architektur letztlich zum Gehilfen oder Dienstleister von China und seinem Verständnis einer nichtdemokratischen Mediengesellschaft zu werden. Denn Fakt ist erst einmal: Sie bauen für China.

Und ja – das Gebäude stellt in Sachen visueller Präsenz ein fulminantes Statement dar. *CCTV* prägt und dominiert heute die Stadtansicht und Silhuette Beijings. Aber sehen wir hier wirklich eine Ikone? Haben Koolhaas und Scheeren tatsächlich den perfekten Werbeträger für Chinas Selbstinszenierungen realisiert? Ich glaube nicht. Die primäre architektonische Ikone des neuen China ist vielleicht doch eher das *„Bird's Nest"* von Herzog & de Meuron ein paar Kilometer weiter. Das Stadion steht für die Heiterkeit und den Event-Pomp der Olympischen Spiele, der Fernsehturm für die Oppression einer Gesellschaft durch gleichgeschaltete Medien.

Mit dem *CCTV-Turm*, oder genauer gesagt dieser amorphen Kombination zweier oben verbundener Türme, tun sich die chinesischen Stadtmarketing-Experten offenbar schwerer. Das Projekt taucht in Werbekampagnen und politischen PR-Kontexten überraschend selten auf. Das mag an seiner schieren Massivität liegen – die *CCTV Headquarters* waren nach ihrer Fertigstellung das zweitgrößte Bürogebäude der Welt nach dem *Pentagon* – aber auch an seiner schwer nachvollziehbaren Form. Der Bau hat die Form einer winkligen Schleife oder auch eines symmetrisch fragmentierten Blocks – mit 234 Metern Höhe und 54 Stockwerken. Würde man die Schleife „auffalten", wäre diese über 800 Meter lang.

Letztlich handelt sich um zwei einzelne Baukörper, diagonal gegenüberliegend. Beide Türme haben beide einen Neigungswinkel von je sechs Grad und sind damit schräger als der schiefe Turm von Pisa. Turm eins hat eine Höhe von 234 Metern, Turm zwei „nur" von 210 Metern. Beide Türme knicken oben horizontal oder L-förmig ab und treffen sich dann am unteren Ende rechtwinklig. Die *CCTV Headquarters* verfügen über 473.000 Quadratmeter Nutzfläche, davon 64.800 Quadratmeter für die Verwaltung und 65.000 Quadratmeter für die Nachrichtenproduktion (Abb. 6.2).

Signifikant für die Architektursprache ist die demonstrative Asymmetrie. Diese setzt sich auch auf der Fassade fort. Die Gitterstruktur der Bewehrung, die durch die opake Fensterfläche silbern glänzt, stützt laut den Projektarchitekten den Kräfteverlauf innerhalb des Tragwerks ab. Doch sie leistet wenig, um im Sinne der Bauherren hier ein Bild urbaner Harmonie oder der Integration alter und neuer Stadt zu erzeugen. Und sie wirkt auch nicht prunkvoll oder glänzend, sondern eher düster und bei manchem Sonnenstand (oder einem bestimmten Grad an Pekinger Luftverschmutzung) gar schmuddelig. Und deshalb ist es letztlich eben eher ein Missverständnis, den *CCTV*-Komplex zu einem Paradebeispiel für die zweite Generation von machtverherrlichenden Ikonentürmen zu erklären, wie dies etwa Leslie Sklair tut (Sklair 2010). Dies ist keine schillernde Ikone, sondern ein schwer zu lesender, sperriger, und ehrlich gesagt auch ziemlich hässlicher Komplex. So etwas baut jemand, der mit den medialen Mechanismen im heutigen China natürlich seine Probleme hat – und dies nicht erst, seit der Koolhaas-Bau eines jener Gebäude war, die den chinesischen Staatspräsidenten Xi Jinping dazu brachten, der „weird architecture" westlichen Importzuschnittes abzuschwören. Wir erinnern uns: Der Präsident deklarierte, künftig werde chinesisch gebaut, mit mehr Sinn für eine demonstrative architektonische Nachhaltigkeit, aber vor allem, so muss man implizit mitdenken, mit mehr Respekt nicht nur für den architekturhistorischen, sondern auch für den machtpolitischen Kontext. Büros wie OMA versuchen eben, Auftragserfüllung und architektonische Subversion zu vereinen. Das, so darf man wohl annehmen, fiel den chinesischen Machthabern irgendwann schlicht auf die Nerven.

Abb. 6.2 Der *CCTV-Tower* in seiner Entstehung. (Foto: courtesy of OMA)

CCTV also ist nach neu-chinesischem Duktus „weird", es ist amorph – und es ist unbestreitbar sehr groß (nicht primär im Sinne von „hoch", sondern im Sinne von „massig" – was natürlich auch am im Sinne der optimalen Nutzung knapper Stadtflächen kontraproduktiven Grundriss liegt). Der häufig geäußerten Forderung, Architektur müsse sensibel kontextuell wirken und sich einpassen in ein Set an sichtbaren historischen Bezügen, um ein harmonisches Stadtganzes zu erstellen, widerspricht dieser Bau natürlich diametral. Hier wird das praktiziert, was Koolhaas (1995) selber (affirmativ) mit „Bigness" bezeichnet. Die Idee: Unter den Bedingungen moderner Stadtentwicklung können nur sehr große, komplexe Projekte genügend Kraft entwickeln, um ihre eigenen Weichen zu stellen, um neue räumliche Ordnungen zu etablieren und um wirklich Orte zu markieren und weiterzuentwickeln (Kaltenbrunner 2015). Koolhaas postuliert, allein Bigness verfüge über die Fähigkeit, in der Stadt von morgen in einem Brei an Funktionalismen überhaupt noch bauliche (und damit kulturelle) Akzente zu setzen; sie sei der Bahnbrecher für ein Regime der Komplexität, das die geballte Intelligenz der Architektur und der ihr verwandten Disziplinen zu mobilisieren vermag.

Bigness als Wehrhaftigkeit
Architektur benötigt in diesem Sinne eine Wehrhaftigkeit. Diese Art Wehrhaftigkeit des architektonischen Prinzips selbst stellt *CCTV* tatsächlich dar. Es ist groß, aber nicht im Sinne der eindimensionalen Übersetzung von Repräsentationsfantasien überpotenter Bauherren durch glitzernde Architektur. Diese Architektur verweigert sich – in gewisser Hinsicht der Stadt, aber eben auch der Vereinnahmung durch harmonistische Narrationen ewigen Fortschritts, wie sie gerade in China momentan

reichlich erzählt werden. Robert Kaltenbrunner hat Recht, wenn er konstatiert, diese Architektur erinnere an Science-Fiction-Filme wie *Blade Runner*. Aber genau darin ist sie zeitgemäßer und realistischer als die in klassischer Architekturkritik natürlich besser ankommenden Versuche anderer Architekturbüros, die Ambivalenz der Macht durch mögliche Beschwörungen holzhafter Kleinheit und Putzeligkeit zu leugnen. Ja, dieses Bauen ist durchaus autistisch, wie die Raumwissenschaftlerin Maria Kaika (2011) konstatiert. Aber genau dieses Stück Autismus ist es, das Koolhaas zufolge der Architektur ihr Recht auf eine eigene, eigenständige Ausdrucksweise sichert.

Bauen für, produzieren mit den Bad Ones
Vielleicht ist es diese Sperrigkeit, aus der sich Lehren auch für andere Akteure im Umgang mit moralisch als nicht einwandfrei beurteilten Partnern, Inputgebern, Kunden oder Aktionären ableiten lassen. Klar ist jedenfalls: Das Agieren in einem moralisch komplett unproblematischen Raum ist in einer Welt massiver globaler Vernetzung nicht möglich. Das bedeutet, zum Beispiel, dass sich auch Unternehmen zu Regimes wie China oder Russland verhalten müssen. Es ist ja interessant, dass an Architekten überhaupt die Forderung gestellt wird, nicht in China zu bauen. Von *Apple* erwartet man weder, dass sie ihre Produkte nicht in China verkaufen, noch wirft man dem Konzern grundsätzlich vor, dass er maßgeblich in China produziert, ja im Grunde ein semi-chinesischer Konzern ist.[1] Was aber vielleicht zu fordern wäre, ist eine Haltung gegenüber China – eine, die womöglich wie der *CCTV-*

---

[1]Das Pearl River Delta, Epizentrum der Produktion von Unterhaltungelektronik in China, gehört übrigens zu jenen räumlichen Agglomerationen, die Koolhaas in seinem „Harvard Project on the City" besonders intensiv erforscht hat; siehe etwa Chang et al. (2001).

Tower ein gewisses Maß an Zusammenarbeit kombiniert mit einem sperrigen, eigenständigen, für die Chinesen eventuell auch nicht ganz leicht auszuhaltenden Ton, der dann eben doch jene Konfliktfelder anspricht, die zu leugnen ohnehin naiv wäre.

Für diese Haltung steht *CCTV*, und steht auch die Architektursprache von OMA insgesamt. Dies ist zugleich auch eine Architektur, die städtebaulich mit einem hohen Maß an Realismus ausgestattet ist. Sie reagiert darauf, dass sich unsere Städte in der Zukunft womöglich nicht, wie das der eurozentristische Stadtdiskurs gerne hätte, hin zu immer harmonischeren Spielplätzen für arglose Veganer-Hipster entwickeln. Sondern dass sie konfrontativ bleiben und auch den zu erwartenden neuen Konfrontationen unterschiedlicher sozialer Schichten Raum geben. Dies bedeutet im Sinne eines klaren moralischen Gut-Böse-Dualismus natürlich eine gewisse Uneindeutigkeit. Koolhaas weiß dies. „Es gibt keine Verpflichtung zur Eindeutigkeit", sagte Koolhaas kürzlich dem Modejournalisten Adriano Sack (2018). Diese Haltung gilt für ihn in allen kulturellen Sphären – und auch für die Stadt als Ganze. Koolhaas konstatiert eine permanente Doppelgesichtigkeit des Urbanen. Und weil diese ihn fasziniert, ziehen ihn auch sozial in notorischer Schieflage befindliche Hypermetropolen wie Lagos oder Mexiko-Stadt mehr an als die gemütlichen Zentren europäischen Stadtlebens (siehe speziell zum Thema Lagos auch Gutzmer 2006). Ob nun, wie Koolhaas in unserem Interview damals postulierte, unsere Städte künftig alle aussehen wie Lagos, sei dahingestellt. Aber dass sie den von ihm dort beobachteten hyperkommerziellen Produktivitätsfluss im Chaos der Märkte Raum bieten müssen und können, erscheint nicht ganz unplausibel. Insofern ist der bauende Blick nach Peking oder der schreibende nach Lagos wirklich eine „Haltung", die überaus zeitgemäß wirkt und weniger naiv als die Beschwörung eurozentristischer urbaner Hübschheit, wie sie etwa auch die diversen Rankings zu „lebenswerten Städten" jeweils implizieren. In diesen Rankings hat Lagos natürlich keinen Platz, ebenso wenig wie Peking – oder Los Angeles, Mexiko-Stadt oder Saõ Paulo. Doch lässt sich der Zustand des globalen Kapitalismus wirklich durch den Blick nach Kopenhagen, München oder Wien studieren?

Sicher nicht. Doch auch der Blick in die Megametropolen unserer Zeit ist nicht der einzig mögliche für einen Zeitdiagnostiker wie Koolhaas. Gerade eröffnete im New Yorker Guggenheim Museum eine von ihm kuratierte Ausstellung über das Gegenstück zum Prinzip des Urbanen, den ländlichen Raum. Jahrelange Forschungen sind in diese Bestandsaufnahme des Ländlichen eingeflossen. Die Zukunft also ist nicht zwingend und ausschließlich urban, oder vielmehr: das, was wir unter „urban" verstehen, verändert sich. Genauso wie das Ländliche, das Koolhaas in ruralen Gegenden in Südafrika, Kalifornien und China vorgefunden hat, nichts mit der idyllischen Vorstellung vom „durchatmenden Leben" jenseits des städtischen Trubels zu tun hat. Auch im ländlichen Raum entdeckt Koolhaas das Ambivalente, das Widersprüchliche, das Unausgesprochene, das Nicht-primär-Schöne. Und es fasziniert ihn (Koolhaas 2020).

Und genau das ist dann auch die Radikalität, die der Koolhaas-Blick auf Stadt wie Land der Welt heute insgesamt geben kann. Er pflegt einen anti-reduktionistischen Blick. Das Beobachtete wird keinen rigiden Untersuchungsschemata eingepasst, nicht in gut verstehbare Kategorien gepresst. Widersprüche sind dazu da, ausgehalten und ausgebaut zu werden. Harmonie existiert nicht – das ist eine Lehre, die vielen Akteuren weh tun dürfte, die gerade versuchen, über das Konzept der Haltung ein solches zu errichten.

Gerade in Zeiten der Sozialen Medien ist dies eine wichtige Erkenntnis. Denn die Social Media spielen uns ja vor, es gäbe so etwas wie Harmonie. Sie tun dies aber nur, weil sie jeden von uns zunehmend nur noch mit jenen inhaltlichen Signalen konfrontieren, die wir erwarten und die sich einfügen in unsere Referenzen, Stichwort Filter Bubble. Freunde empfehlen uns Freundliches, die Außenwelt wird entweder ausgeblendet oder als so radikal gegensätzlich wahrgenommen, dass sie nur noch mit radikaler Abwehr auszuschließen ist – Stichwort „entfrienden". Wichtig wäre aber der gegenteilige Mechanismus: Nicht ausschließen und ausblenden, um dann die neu erzeugte Pseudo-Einhelligkeit zu genießen wäre der richtige Weg. Sondern einschließen, einbeziehen in die eigenen Analysen – auch wenn es weh tut, das Resultat sich nur schwer in managbare Handlungskonzepte ummünzen lässt – oder wenn, im unternehmerischen Kontext, die Formulierung einer Haltung, die automatisch auch zu mehr Produktabsatz führt, schwer fällt. Doch die so entstehende Haltung dürfte am Ende die Substanzhaftere sein und die, die sich besser, produktiver, spannender weiterentwickeln lässt.

Ambiguität im Management
Das Koolhaassche Eingeständnis einer inhärenten Ambiguität kapitalistischer Realitäten lässt sich auch für das Verständnis zeitgenössischen Managements fruchtbar machen. Dass unser Verständnis von Management einem rasanten Wandel unterliegt, ist klar, seit der Slogan des postheroischen Managers ausgegeben wurde. Doch auch dieser agiert nicht ambiguitiv, er nimmt sich nur ein wenig zurück. Jedoch ist das reale Management eines, das mit inhärenten Widersprüchlichkeiten in Bezug auf die eigenen Rollen auskommen muss. Der kohärente Manager, der immer gleich und vor allem voraussehbar agiert, ist passé.

Und die Geschichten, die sich um heroische, aber auch hochproblematische Entscheiderfiguren wie Steve Jobs oder Elon Musk ranken, bestätigen dies.

Die Betonung einer Ambiguität von Führung und Organisation stellt einen Großteil der momentan herrschenden Dogmen zeitgemäßer Führung konsequent in Frage. Diese Dogmen entsprechen aber ohnehin nicht der Realität, wie empirische Studien zeigen. Scheinbar wirken Entscheider in Organisationen ganz anders, als sie selber glauben. Die Autoren Mats Alvesson und Stefan Sveningsson (2003, interessanterweise aus einem skandinavischen Forschungskontext kommend) argumentieren, es gelte, sich von einer bestimmten „Ästhetik der Führung" als Sphäre reiner, quasi eleganter Entscheidungen zu verabschieden. Management funktioniere so nicht. Vielmehr glauben sie, weite Teile der herrschenden Managementlehre von entweder heroischen oder auch postheroischen, in jedem Fall aber klug, weise und vor allem kohärent handelnden Managern sei wohl eher den Identitätskonstruktionen von Topmanagern zuzuschreiben. Wenn das so ist, dann gilt es, Unternehmen und Ihre Topmanager neu zu denken – als gemeinsam fehlerproduzierende Ambiguitäts- und Komplexitätsmaschinen. Das muss nicht schlecht sein. Es bedeutet aber, dass so wichtige Elemente der Wertschöpfungskette wie Strategie, Einkauf und F&E postrational neu gedacht werden müssen.

Gerade der Forschungs- und Innovationssektor profitiert von einem realistischen und offenen Blick auf bestehende Ambiguitäten. Der starke und starre, also jegliche Ambiguitäten ausschließende unternehmerische Fokus versagt notwendigerweise, wenn es um die Generierung von Neuem geht. Ambiguität im Sinne unterschiedlicher Interpretationsmöglichkeiten des Verhältnisses der bestehenden Innovationstreiber zueinander hat im Innovationsmanagement ihren Sinn (Brun und Sætre 2009). Sie reduziert zwar die Klarheit einer Situation, erhöht zugleich aber die Reaktionsfähigkeit des Managements auf neue Impulse. Die Fähigkeit der beteiligten Forscher oder Manager, mit diesen Impulsen zu arbeiten, wird erhöht. In diesem Sinn ist eine Bereitschaft zur Toleranz und sogar zur bewussten strategischen Produktion von Ambiguität ein zentrales Element erfolgreicher Innovationsprozesse. Wie das gehen kann, und wie Ambiguität zum Teil einer grundlegenden Haltung werden kann, lehrt der Blick auf Rem Koolhaas.

Ein sehr konkretes Abwendungsbeispiel von Ambiguität erleben wir gerade in der Autoindustrie. Den führenden Unternehmen ist klar: Der klassische Verbrennungsantrieb wird die Zukunft der Branche nicht sichern. Doch was kommt stattdessen? Bisher galt das Elektro-Auto als gesetzt. Doch setzt es sich wirklich durch – oder wird am Ende der Wasserstoffantrieb die Zukunft gehören? Die totale Konzentration auf die E-Mobility, wie sie vor allem der Volkswagen-Konzern bisher gepflegt hat, erscheint momentan manchem Beobachter jedenfalls nicht mehr unbedingt als der richtige Weg. Vielleicht war hier zu viel starkes, zu viel klassisch „visionäres" (in Sinne von vermeintlich allwissendes) Management im Spiel. Vielleicht würde hier ein wenig mehr Offenheit für marktbezogene Ambiguität guttun. Und vielleicht würde diese auch neue Forschungskräfte freisetzen, die am Ende ganz anderen Antriebsformaten die Zukunft bahnen als den bisherigen Frontrunnern.

Ambiguität und Menschenrechte

Doch es gibt noch eine andere Form der Ambiguität, eine, die vielleicht noch direkter mit dem Beijing-Bauwerk von OMA zu tun hat: jene Ambiguität, die sich in Koolhaas' Umgang mit China als „Absatzmarkt" für seine Architektur zeigt. Wie bereits erwähnt, ist die Zurkenntnisnahme der chinesischen Menschenrechtsproblematik mit gleichzeitig kritischem Umgang damit eine Haltung, die für die nach Eindeutigkeit strebenden chinesischen Machthaber womöglich gar nicht so leicht auszuhalten ist. Und es ist eine, zu der sich große Unternehmen momentan noch nicht oft durchringen können. Koolhaas internalisiert die Kritik in seinem Gebäude, also quasi seiner Produktpolitik. *CCTV* ist ein Gebäude, das geradezu mit sich selbst ringt. Große Unternehmen tun dies bisher nicht. Sie machen sich vielmehr lächerlich, indem sie Varianten ihrer Produkte für den chinesischen Markt herstellen, die der eigenen Markenphilosophie eigentlich komplett widersprechen. Provokant gefragt: Wäre es nicht denkbar, mit Ambiguität ausgestattete, also mehrdeutige Produkte herzustellen?

Letzterer Gedanke ist natürlich für Unternehmen und ihre Vordenker nur schwer auszuhalten. Ihre Kommunikation strebt ebenso wie ihre Strategieformulierung nach Eindeutigkeit. Ein nach außen sichtbares *Ringen* mit der eigenen Position, wie es im *CCTV*-Turm meiner Deutung nach räumlich umgesetzt wird, ist eine im unternehmerischen Kontext abstrakte und kompliziert umzusetzende Haltung. Und doch wäre, wenn Unternehmen diesbezüglich einen Weg finden könnten, ihnen eine Handlungsoption eröffnet, die zukunftsfähig wirkt auch in einer Welt, deren Zukunft unsicher und komplex erscheint.

Stand heute sind wir von dieser Position aber weit entfernt. Bisher suchen Unternehmen beispielsweise im chinesischen Kontext nach einer kohärenten Positionierung, einer, die so tut, als gebe es keine Probleme in China, oder als sei das nicht Sache des jeweiligen Unternehmens. Auch in diesem Zusammenhang muss noch mal VW erwähnt werden, weil der

Vorstandschef kürzlich eine PR-Pleite erlebte mit dem Statement vor laufender Kamera, über das Schicksal der Uiguren im Nordwesten Chinas wisse er nichts. Natürlich weiß er davon. Er muss davon auch wissen. So viel Ambiguität sollte auszuhalten sein. Eine Haltung dazu, die sich vielleicht sogar an der Art orientiert, wie Koolhaas seine China-Aktivitäten mit einer inhärenten Ambiguität versieht, hätte geholfen.

Literatur

Alvesson, M., & Sveningsson, S. (2003). Good visions, bad micro-management and ugly ambiguity: contradictions of (non-) leadership in a knowledge-intensive organization. *Organization Studies, 24*(6), 961–988.

Brun, E., & Sætre, A. S. (2009). Managing ambiguity in new product development projects. *Creativity and Innovation Management, 18*(1), 24–34.

Chang, B., Craciun, M., Lin, N., Liu, Y., Orff, K., & Smith, S. (2001). Pearl River Delta. In R. Koolhaas, S. Kwinter, & S. Boeri (Hrsg.), *Mutations* (S. 280–337). Barcelona: Actar.

Dunham-Jones, E. (2013). The irrational exuberance of Rem Koolhaas (April 2013). *Places Journal.* https://placesjournal.org/article/the-irrational-exuberance-of-rem-koolhaas/#0. Zugegriffen: 5. Jan. 2020.

Graham, P. (2006). *Hypercapitalism: New media, language, and social perceptions of value.* New York: Peter Lang.

Gutzmer, A. (2006). Learning from Lagos. *Think:act, 7,* 56–59.

Gutzmer, A. (2018). Digital media reflexivities: The Axel Springer campus in Berlin. *International Journal of Cultural Studies, 21*(1), 57–72.

Kaika, M. (2011). Autistic architecture: The fall of the icon and the rise of the serial object of architecture. *Environment and Planning D: Society and Space, 29,* 968–992.

Kaltenbrunner, R. (2015). Baukunst im Riesenformat (28.2.2015). Neue Zürcher Zeitung. https://www.nzz.ch/feuilleton/kunst_architektur/baukunst-im-riesen-format-1.18491907. Zugegriffen: 2. Jan. 2020.

Koolhaas, R. (1995). Bigness or the problem of large. In R. Koolhaas & B. Mau (Hrsg.), *S, M, L, XL* (S. 494–516). New York: Monacelli Press.

Koolhaas, R. (Hrsg.). (2020). *Countryside. A report.* New York: Guggenheim Taschen.

Lootsma, B. (2006). *Koolhaas, Constant und die niederländische Kultur der 60er Jahre.* Nürnberg: c/o a42.

Sack A. (2018). 25 Minuten im Taxi mit Star-Architekt Rem Koolhaas. (19.11.2018). Iconist. https://www.welt.de/icon/design/article183757604/Architekt-Rem-Koolhaas-der-unerbittliche-Idealist.html. Zugegriffen: 30. Dez. 2019.

Sklair, L. (2010). Iconic architecture and the culture-ideology of consumerism. *Theory, Culture & Society, 27*(5), 135–159.

Spencer, D. (2016). *The architecture of neoliberalism: How contemporary architecture became an instrument of control and compliance.* London: Bloomsbury Publishing.

Sperling, D. M. (2004). Architecture as a digital diagram. *International Journal of Architectural Computing, 2*(3), 371–387.

7

Zaha Hadid: Form der Zeit

Zusammenfassung Die Architektur Zaha Hadids liefert klar erkennbare architektonische Großformen. Für ihre Selbstähnlichkeit wird sie kritisiert. In unserem Kontext ist der Wille zur Form aber etwas, was als Haltung Potenzial auch für Unternehmen birgt. In Zeiten der organisationalen Formlosigkeit ist diese Fähigkeit, Formen zu generieren und in Formen zu denken, ein möglicher Wettbewerbsvorteil – gerade im Zuge der Verräumlichung des Digitalen (Stichwort „Internet of Things"). Auch der Ansatz des Design Thinking gelangt durch diese Position womöglich zu erweiterter Relevanz.

Für den globalen Architekturzirkus war die britische Architektin Zaha Hadid (1950–2016) immer immens wichtig – schon deshalb, weil sie schlicht die erste Frau war, die einem einfiel, wenn das Gespräch auf global bauende, ikonische Formen entwerfende Stararchitekten kam. Und auch wenn das Konzept des Stararchitekten natürlich im Architekturdiskurs verpönt ist und jeder Architekt weit von sich weisen würde, ein solcher zu sein oder gar sein zu wollen – die aus dem Irak stammende Zaha Hadid hatte in ihrer Grandezza im Auftreten und der Erkennbarkeit ihrer Bauten einiges von einem Star.

Entsprechend groß war eine Zeit lang die Orientierungslosigkeit in ihrem Büro nach ihrem Tod im Jahr 2016. Dies hing auch damit zusammen, dass ihr langjähriger Kompagnon und intellektueller Sparringspartner, der deutschstämmige Architekt Patrik Schumacher, der seither das Büro allein führt, immer wieder mit kontroversen, weil radikalliberalen Statements auf sich aufmerksam macht. Gerade kurz nach dem Tod Hadids sorgte er für einige höchst emotionale Debatten, etwa, wenn er die Abschaffung des sozialen Wohnungsbaus forderte. Dies ist schon gesellschaftlich sicher keine mehrheitsfähige Position, und im deutschsprachigen Architekturdiskurs gleich zehnmal nicht, weil dort der Glaube an eine aktive Rolle des Staates zu den Grundfesten jeder Debatte gehört. Der Kritiker Wojciech Czaja brachte diese nahezu universell geteilte Auffassung in einem Interview mit Patrik Schumacher im Jahr 2018 auf den Punkt, als er diesen bezogen auf einen besonders kontroversen Auftritt beim World Architecture Festival in Berlin fragte: „Was hat Sie denn da geritten?".

Doch das Büro Zaha Hadid Architects überstand die medialen Turbulenzen und expandiert nach wie vor. Die Basis dafür gelegt hatte natürlich Zaha selbst. Nicht zuletzt durch Expressivität in der Arbeit, Vielgestaltigkeit der Formensprachen und Kompromisslosigkeit im eigenen Denken und Handeln verlieh sie ihrem Büro ein klares Profil.

Geboren wurde Zaha Hadid 1950 in Bagdad. Sie studierte in etwa parallel zu Rem Koolhaas bis 1977 an der Londoner Architectural Association. Danach wurde sie Partner bei Koolhaas und OMA, ehe sie 1987 in London ihr eigenes Studio gründete. Erste Bekanntheit erlangte sie durch ihre Teilnahme an der von Philip Johnson und Mark Wigley 1988 im New Yorker Museum of Modern Art inszenierten Ausstellung „Deconstructivist Architecture". Durch diese Show wurde die noch recht neue Stilrichtung und architektonische Position des Dekonstruktivismus der breiten Öffentlichkeit vorgestellt, vor allem aber im Sinne eines Kanons definiert. Zu diesem Kanon zählten die Kuratoren damals auch Hadid (Abb. 7.1).

Nicht untypisch für ein junges Büro, war ihre Auftragslage zunächst eher bescheiden. 1993 gelang ihr mit dem Feuerwehrhaus für den Möbelhersteller Vitra in Weil am Rhein der internationale Durchbruch. Danach ging es dann aber Schlag auf Schlag. Es folgten einige Bauten, die heute in jedem Architekturführer vorkommen: das *Phaeno Science Center* in Wolfsburg etwa, das BMW-Werk in Leipzig, eine Skischanze bei Innsbruck, das *Contemporary Arts Center* in Cincinnati und das Kunstmuseum *MAXXI* in Rom. Im Jahr 2004 wurde Zaha Hadid als erste und bis 2020 (als Yvonne Farrell und Shelley McNamara ausgezeichnet wurden) einzige Frau mit dem Pritzker-Preis geehrt. Ihr Büro betreut heute zahlreiche Großprojekte rund um den Globus und engagiert sich zunehmend auch im Produktdesign (etwa durch eine Serie experimenteller Damenschuhe).

Hadid und die Architektur aus ihrem Büro im Bereich des Dekonstruktivismus zu verorten, wie es die MoMA-Ausstellung tat, ist vermutlich nicht ganz falsch. Die Art, wie die großen Projekte aus dem Haus Hadid sich orthogonalen Fassaden- oder Raumstrukturen widersetzen und architektonische Elemente in autonome, der Skulptur und dem Industriedesign nahestehende

Abb. 7.1 Zaha Hadid. (Foto: Simone Cecchetti/Büro Zaha Hadid)

Formen zu verwandeln scheinen, entsprechen gängigen Dekonstruktivismus-Definitionen. Dennoch bietet sich zur Verortung der grundlegenden Haltungen des Büros noch ein anderer Begriff an, einer, der sich direkt aus den umfangreichen Theoriearbeiten vor allem Patrik Schumachers ableitet: der des „Parametrismus" oder auch „Parametrizismus". Schumacher hat darüber umfangreich publiziert, unter anderem das voluminöse, zweibändige Grundsatzwerk zur „Autopoiesis of Architecture" (Schumacher 2010 und 2012). Der Luhmannsche Begriff der Autopoiesis passt hier: Die von Schumacher artikulierte Architektur ist gewissermaßen auto-produktiv, sie generiert ihre Formen aus einem bestimmten Set an Parametern selbst. Das parametrische Entwerfen beruht auf der Annahme, dass alle Elemente einer Komposition durch externe Parameter (Umgebung, Funktionen, Klima etc.) festgelegt sind und so aufeinander reagieren können. Es wird also keine Linie von X nach Y gezogen, sondern es werden bestimmte Regeln festgesetzt, aufgrund derer sich die Linie logischerweise selbst erzeugt. Die Parameter „definieren" die Gebäude auf Basis vordefinierter Regeln (Schumacher 2009).

Wichtig dabei: Dieser Ansatz ist von Grund auf datenbasiert. Daher ist der Parametrismus letztlich auch erst heute aufgrund der immer umfangreicheren Möglichkeiten zur Verarbeitung großer Datenmengen im architektonischen Entwurfsprozess überhaupt möglich. Das parametrische Entwerfen ist also das konsequente Anwenden der organisatorischen und formalen Möglichkeiten der digitalen Informationsaufbereitung und neuer Planungstools wie dem Building Information Modeling (BIM). Im Zuge der zunehmend auch normativ verstandenen Bewegung der Gesellschaft hin zu einer Affirmation der Digitalisierung kommt folglich der architektonischen Haltung Schumachers eine Demonstrationsfunktion zu: Wenn wir digital entwerfen müssen, dann geht das so, wie es Hadid und Schumacher vormachen, so die Message. Hadid-Architektur *ist*, für viele Betrachter, die Architektur der Digitalisierung.

Der Entwurfsansatz, den Schumacher propagiert, hat ihm in der Architektenschaft keineswegs nur Freunde eingebracht. Um es deutlich zu sagen: Es hagelte und hagelt bis heute Kritik. Unter der Gilde der Architekturkritiker ist Schumacher ein rotes Tuch, man liebt es, sich an ihm abzuarbeiten. Das liegt natürlich an seinen erwähnten radikalliberalen bis krawalligen politischen Statements. Es liegt aber auch an der Tatsache, dass das Büro Zaha Hadid mit großer Verve für alle Regimes weltweit in einem selbstähnlichen Stil baut. Hadid-Gebäude stehen da, wo auch OMA-Bauten stehen, aber eine ähnliche kritische oder ambivalente Haltung ist in ihnen nur schwer zu entdecken.

Eher traditionelle Architekten sehen noch einen anderen Kritikpunkt in der parametrischen Art zu bauen. Für sie ist es ein Problem, dass in Schumachers Theorie der Architekt als autonomer, im Idealfall irgendwie „genialer" Entwerfer weniger gefragt zu sein scheint als in vordigitalen Zeiten. Welcher sich selbst als Künstler wähnende Gestalter will schon gern gesagt bekommen, seine Rolle liege nur in dem klugen Definieren oder Abarbeiten von „Parametern"?

Zu viel singuläre Großform?
Und auch die Hadid-Architektur selbst hat nicht nur Freunde. Sie scheint eine gewisse Selbstbezogenheit auszudrücken – Zaha sieht eben aus wie Zaha. Hier scheint für viele Beobachter ein sich selbst fortschreibendes Gestaltungssystem am Werk zu sein. Außerdem ist diese Architektur, ihrer vermeintlichen Außenorientierung zum Trotz, nicht gerade kontextuell. Sie frönt schon recht selbstbewusst der singulären Großform.

Das Unbehagen, das die Hadid-Architektur bei Betrachtern erzeugt, spiegelt recht anschaulich ein aktueller Eintrag in einem universitären Architektur-Lexikon wieder (Lackner 2016). Die Autorin arbeitet sich vor allem an der vermeintlichen Originalität beziehungsweise Nichtoriginalität des Parametrismus ab. Sie konstatiert, für Schumacher erzeuge der Parametrismus quasi zwangsläufig eine Architektur, die aus weichen, fließenden Formen bestehe. Diese werde von ihm gedanklich mit der Tradition der organischen Architektur in Korrelation gesetzt. Das heiße aber auch, dass der angeblich so radikal neue Baustil auf schon vorher dagewesenen architektonischen Entwurfsmethoden beruhe. Lackner zieht zum Beleg dieser These etwa den Potsdamer Einsteinturm von Erich Mendelsohn heran – ein für sie parametrisch angelegtes Gebäude. In der Tat könnte man sagen, dass schon dieser Bau eine Art Vorläufer des Parametrismus darstellt, dessen Entwurfsprozess heutzutage nur durch die technischen Fortschritte weitergeführt und dadurch verbessert wird.

Doch ob als Stil nun komplett unique oder nicht – interessant und im Grunde auch überraschend ist in jedem Fall, dass der von Schumacher definierte Entwurfsstil des Parametrismus, wenn man sich die konkret realisierten Hadid-Bauten anschaut, überhaupt *wirkt* wie ein Stil. Eigentlich sollte man doch meinen, dass jedes Gebäude komplett anders aussieht, da ja die jeweiligen Parameter andere sind. Man würde erwarten, dass diese Art zu Entwerfen zu einer unermesslichen Fülle architektonischer Formen führt – oder sogar zur kompletten Auflösung von Formen. Durch die miteinander verknüpften Parameter führt jede einzelne Veränderung zu Veränderungen an anderen Stellen des Entwurfs. Alles hängt ja in dieser Entwurfsphilosophie von allem anderen ab.

Und doch gibt es ein hohes Maß an Selbstähnlichkeit bei den Bauten von Zaha Hadid. Zwei Grundregeln scheine diese zu prägen: Strenge geometrische Körper wie Rechteck, Dreieck und Kreis sind zu vermeiden, genauso wie die Wiederholung und Aneinanderreihung von unverbundenen Elementen. Und alle Formen sind parametrisch verformbar anzusehen; sie sind zu differenzieren, zu krümmen und miteinander in Verbindung zu setzen. Organische Krümmungen, fließende Linien, introspektive Formen – all das wiederholt sich bei Hadid-Bauten. Die vermeintlich sich immer wieder neu erfindende architektonische Formensprache ist letzten Endes repetitiv.

Und sie ist auch nicht nur Resultat einer Art computerbasierter Designphilosophie, sondern natürlich weiterhin

Resultat gestalterischer Entscheidungen. Der Entwerfer ist nicht tot. Zaha Hadid sah sich sicher als Entwerferin, und Schumacher tut das, inklusive seiner beträchtlichen Theorie- und Vortragsreisendenarbeit, auch. Und das macht ja auch nichts. Denn genau darin kann man sehr wohl eine architektonische Haltung erkennen – komplett jenseits von der etwas problematischen (und anti-diskursiven) Begründungsrhetorik, die Form sei ja jeweils durch „objektive" Parameter generiert worden und damit quasi „automatisch" die optimale, die man auch nicht mehr hinterfragen geschweige denn kritisieren dürfe.

Beispiel Peking Airport
Nehmen wir als aktuelles Beispiel den im vergangenen Jahr eröffneten neuen Flughafen von Peking. Das Gebäude, das von oben aussieht wie eine dynamisch sich bewegende Meeresformation, wurde fünf Tage vor dem geplanten Eröffnungstermin offiziell in Betrieb genommen. Chinas Staats- und Parteichef Xi Jinping, wie bereits im Koolhaas-Kapitel erwähnt in Erscheinung getreten als Kritiker allzu exaltierter Architekturformen, verkündete persönlich die Eröffnung des gigantischen Verkehrsprojekts *„Peking Daxing" (PXX)*. Der Neubau mit einer Fläche von rund 700.000 Quadratmetern ist Stand heute der größte Terminalbau der Welt. Kleiner Seitenhieb gegenüber dem signifikant kleineren neuen Berliner Flughafen BER: Die Bauzeit betrug vier Jahre (Abb. 7.2).

Die Großform des Flughafens erinnert Betrachter und Journalisten an einen riesigen Seestern. Der Flughafen ist auf einen großen Innenhof in der Mitte hin zentriert. Alle Passagiere werden von jeweiligen Abflug-, Ankunfts- oder Transferzonen dorthin geleitet. Die sechs Terminals sind von diesem Mittelpunkt aus betrachtet etwa 600 m lang. Ein dynamisch gewölbtes Dach mit viel Glas überspannt den Innenraum; seine Form solle Passagiere quasi

7 Zaha Hadid: Form der Zeit

Abb. 7.2 *Peking Daxing International Airport* von Zaha Hadid Architects. (Foto: Hufton + Crow/Büro Zaha Hadid)

ohne Zeichen zum zentralen Innenhof lenken. Das wäre innovativ, ist doch das größte Problem der architektonischen Großform Flughafen immer, dass diese in ihrer Architektur für den Besucher nicht lesbar ist, was zu Orientierungslosigkeit führt.

Clever an der Aufgabe des Prinzips der baulichen Linearität zugunsten einer konzentrischen Rundform: Die Wege für die Passagiere innerhalb des riesigen Gebäudes sind vergleichsweise kurz. Maximal acht Minuten soll der Weg zum Gate zu Fuß dauern. Das wäre natürlich, wie jeder Flugreisende weiß, wenig.

In eigenen Darstellungen verweist das Büro Zaha Hadid gern darauf, dass der viergeschossige Flughafen mit seiner Orientierung auf ein Zentrum hin den Prinzipien der traditionellen chinesischen Architektur folgt. Ob das wirklich so ist, sei an dieser Stelle dahingestellt. Interessant an dem Statement ist jedoch, dass scheinbar die Kritik an der sich nur an sich selbst orientierenden Architektur Hadids zur Kenntnis genommen wurde und man mit dieser Argumentation darauf reagiert. Entworfen jedenfalls hat den gigantischen Seestern laut Büroangaben Zaha Hadid kurz vor ihrem Tod selbst, gemeinsam mit Patrik Schumacher.

PXX – mehr als ein Bauwerk
Nun ist aber ein Flughafen nie nur ein Bauwerk. Verkehrslogistische Projekte dieser Größenordnung haben Auswirkungen auf ihr direktes und indirektes räumliches Umfeld. Die chinesische Regierung setzt im Falle von PXX darauf, dass dieser rund 45 km südlich des Pekinger Zentrums gelegene Bau die Entstehung eines neuen Wirtschaftsclusters mit ankurbeln wird. Infrastrukturell nötig war der Neubau jedenfalls, weil Peking wächst und im internationalen Flugwesen eine immer zentralere Rolle einnimmt. PXX soll schrittweise den eigentlich auch noch recht frisch von Norman Foster erweiterten *Peking International Airport* im Nordwesten der Stadt entlasten. Die Planung sieht steigende Passagierzahlen von 45 Mio. (2021) über 70 Mio. (2025) bis später zu 100 Mio. Passagieren pro Jahr vor.

So nötig aber der Flughafen ist, so beträchtlich sind seine Kollateralschäden. Umschlossen von Ackerland, Wiesen und Feldern, mussten dem Bau nach Informationen der *New York Times* elf Dörfer mit insgesamt 20.000 Einwohnern weichen (zitiert nach Baunetz 2019). Außerdem sollten aus 24 Dörfern die Menschen aus Lärmschutzgründen ihre Wohnungen dauerhaft verlassen.

Wenn man die architektonische Haltung, die sich aus Projekten wie diesen ableiten lässt, auf den Punkt bringen wollte, so müsste man, aller parametrischen Theoriearbeit zum Trotz, bei dem Begriff der Form beginnen. Zaha Hadid-Gebäude haben eine wiedererkennbare Form, was sich auch in der Bereitschaft der Betrachterszene ausdrückt, Projekte wie den Pekinger Flughafen sofort mit Spitznamen zu versehen. Hadid arbeitet skulptural. Ihre Projekte führen zu erkennbaren Großformen. Besonders häufig realisiert das Büro zusammenhängende bauliche Bandskulpturen. Dies zeigt eindrücklich ein anderes Beispiel – die Neubebauung der Hamburger Hafenpromenade zwischen Landungsbrücken und Baumwall. Hier wurde ein solches zusammenhängendes Band realisiert, kegelförmig unterbrochen von mächtigen Treppen (Meyhöfer 2014). Diese Architektur ist das Gegenteil von seriell.

Hadids Architektur ist dabei zwar auf sich selbst bezogen, will aber auch im Betrachter oder Nutzer etwas auslösen. Ihre architektonische Haltung will Erfahrungen evozieren, Besucher sollen für Momente schweben, gerne auch fallen, jedenfalls die Architektur spüren. Und sie sollen dies tun, indem die Architektur demonstrativ auf die Dreidimensionalität des Architektonischen hinarbeitet und von der einfachen Dualität „Fassade plus Körper gleich Architektur" wegführt. Gedanklicher Partner in Crime für Hadid ist in gewisser Weise der russische Revolutionsarchitekt Kasimir Malewitsch (Meyhöfer ebd.). So wie dieser, wollte auch sie immer die Architektur ihres Fokus auf die Zweidimensionalität der Fassade entkleiden.

Malewitsch stapelte dazu Kuben, staffelte zahllose Quader in verschiedenen Größen und Formen zueinander, schob sie ineinander, setzte sie aufeinander. Seine Körper sind nicht funktional, sie stehen für nichts. Aber sie sind, erkennbar, Körper. Bei Hadid verschwinden sie als individuelle Elemente sogar, gehen auf in einer neuen, ganzheitlichen Urform, die eine große Kraft darin entwickelt, unterschiedliche Körper, Funktionen oder auch architektonische Parameter zu einem zwar jeweils etwas rätselhaften, aber auch nicht inkohärenten Ganzen zusammenzufügen.

Ästhetik der Digitalisierung
So entsteht eine Architektur, die womöglich mitunter aufdringlich wirkt oder laut, die aber in jedem Fall sehr zeitgemäß daherkommt – eine Bauweise, die offensichtlich der Digitalisierung entspringt, aber zugleich der These, dass in der digitalen Welt physische Formen keine Rolle mehr spielen, etwas entgegen setzt. Es ist vielmehr eben wirklich die physische Ästhetik der Digitalisierung selbst, die Zaha Hadids Architektur realisiert. Und es ist zugleich auch der Beleg, dass die digitalisierte Welt diese Art physischer Ästhetik benötigt.

Und das ist dann auch jener Bestandteil der architektonischen Haltung Hadids, an dem sich Gesellschaft wie Unternehmen durchaus orientieren können. Zum einen ist die verschwindende Räumlichkeit speziell im Zuge der Digitalisierung gesellschaftlich durchaus als Problem zu betrachten. Der Soziologe Armin Nassehi (2019, S. 188) arbeitet in seinem bemerkenswerten Theoriewerk „Muster" heraus, wie „nicht-stofflich, immateriell, eben: informationsförmig" die von ihm theoretisierte digitale Gesellschaft funktioniert. Bezogen auf unternehmerische Produktivprozesse hatte Norbert Bolz (1999) schon in frühdigitalen Zeiten von der neuen „Wirtschaft des Unsichtbaren" geschrieben. Und der von Nassehi herangezogene Kulturkritiker Michael Betancourt (2018) schreibt der Digitalisierung gar eine eigene immaterielle Aura zu.

Das bedeutet: CEOs stehen ihrerseits heute vor der Frage, wie denn das ideale Unternehmen in Zeiten der Digitalisierung aussieht und welche Produktstrategie es verfolgt. Dabei geht es auch um die Thematik, welche Rolle der physische Raum spielt und welche der Begriff der Ästhetik. Gibt es eine räumliche Kohärenz in digitalen Zeiten? Mitunter hat man ja den Eindruck, die Digitalisierung löse nicht nur bestimmte Ausdrucksformen einer analogen Kultur auf, wie beispielsweise die regionale Tageszeitung. Man meint zu spüren, wie sie darüber hinaus einen Prozess universeller Verflüchtigung generiert, an dessen Ende nicht nur keine physischen Produkte mehr stehen, sondern insgesamt ein Eindruck umfassender Formlosigkeit – was dann schon mit Fug und Recht als kultureller Verlust betrachtet werden könnte. Und ein Verlust wäre es auch für die Unternehmenswelt – weil dieser damit die Option abhanden käme, kohärente raum- und objektbezogene Aktionsprogramme zu formulieren.

Unternehmen ohne Bild von sich selbst

Die angesprochenen Unternehmen haben dann im Extremfall quasi kein „Bild" mehr davon, wer sie selber sind. Sie haben nicht nur keine erkennbare Haltung, sie haben überhaupt keine erkennbare Identität mehr. Der Formverlust führt sozusagen zu einem Verlust an Substanz und an korporativem Selbst. Der seit den 1970er Jahren virulente Diskurs zu Themen wie Organisationskultur und Corporate Identity findet sich damit in einer konzeptuellen Sackgasse wieder.

Das Problem der zunehmend unsichtbaren Organisation wird in der Organisationstheorie inzwischen durchaus als solches erkannt. Thyssen (2005) etwa konstatiert diese mit Bezug auf Niklas Luhmann und dessen Theorie der Organisation. Wir wissen: Für den

Systemtheoretiker Luhmann besteht eine Organisation als soziales System zunächst einmal aus Kommunikation, nicht aus Artefakten oder Menschen. Die Artefakte und Mitarbeiter einer Organisation sind nicht durch physische Bindungen verbunden: Als autopoietisches System, argumentiert Luhmann, gingen Unternehmen als Einheit ihren einzelnen Elementen in gewisser Hinsicht „voraus", weil sie selbst ihre Elemente in netzwerkbasierten Prozess quasi erst erzeugen (Luhmann 2000, S. 45). Und damit entsteht aber auch eine Unsichtbarkeit. Das System ist stärker als seine physische Manifestation.

Luhmanns Begriff von Organisation ist radikal. Sein Verständnis von Organisation als auf Kommunikationen basierendes System bedeutet nämlich auch, dass sowohl Menschen als auch Dinge der Organisation letztlich extern sind. Artefakte – und Menschen – gehören zur *Umgebung* der Organisation, und was mit *ihnen* geschieht, geschieht laut Luhmann nicht automatisch auf die gleiche Weise mit der Organisation *selbst.*

Und dieses radikale Verständnis von Organisation mag ja auch realistisch sein. Jedoch sollten wir dabei nicht stehen bleiben. Selbst, oder gerade, wenn Organisationen maßgeblich auf Kommunikation basieren und nicht auf Objekten, so ist doch die Frage, was das Thema dieser Kommunikationen ist und wie stark sie sich mit der materiellen Umwelt koppeln lassen, eine sehr berechtigte. Und vor allem: Ist die Kommunikationsbasiertheit von Organisationen gleichbedeutend mit einem immer gleichen, gleich hohen Maß an Objektlosigkeit? Man muss dies nicht als gesetzt annehmen. Es wäre doch sehr logisch zu sagen, dass gerade aufgrund ihrer inhärenten Abstraktheit Organisationen die Fähigkeit haben (und zwar in mehr oder weniger ausgeprägter Form), sich mit der materiellen Umwelt quasi rückzukoppeln und auf diese einzuwirken. Und in der Steigerung dieses

Gedankens wäre auch die Fähigkeit, selber physische Realitäten zu erzeugen, ein Synonym für die Effizienz, für die Wirkmacht von Organisationen. Gute Organisationen und Unternehmen sind danach solche, die aus der Abstraktheit gesellschaftlicher Prozesse immer wieder physische Realitäten ableiten können.

Dies gilt umso mehr, je stärker wir in einer digitalen (und damit inhärent immer zunächst auf Kommunikationen basierenden) Realität agieren. Ja, digitale Unternehmen und andere Organisationen sind und bleiben abstrakte Phänomene. Jedoch ist es ihnen als Stärke anzurechnen, wenn sie auf Basis dieser digitalen Abstraktheit dennoch dazu in der Lage sind, immer wieder Konkretes zu erzeugen, also punktuell Form anzunehmen oder Formen zu generieren. Dies mögen Produkte, Architekturen, Designformen sein, aber auch menschliche Konstellationen etwa in Form von Zusammenkünften oder physisch sichtbaren Interaktionen. Die Abstraktheit des Unternehmens von heute ist umso mächtiger, je stärker sie auf Konkretes einwirken oder dieses erzeugen kann. „In der Tat hat … die Digitalisierung auch eine materielle Seite", schreibt Armin Nassehi (2019, S. 194). Diese materielle Seite, so meine Aussage, ist nicht einfach gesetzt, sondern unternehmerisch grundsätzlich gestaltbar.

Design Thinking zu Ende denken
Nun gibt es eine Bewegung innerhalb der Unternehmensführung, die dieser Philosophie komplett zu entsprechen scheint. In den vergangenen Jahren um sich gegriffen hat nämlich ein Ansatz, die vermeintlich sehr „formorientiert" daherkommt: das *„Design Thinking". Design Thinking* ist ein neuer Ansatz in unterschiedlichen Unternehmensbereichen (auch, aber nicht nur in der Forschungs- und Entwicklungsabteilung), der abgeleitet von der Arbeit von Designern eine effiziente oder kreativere Art der Problemlösung propagiert.

Vor allem die konsequente Einnahme der Nutzerperspektive steht beim *Design Thinking* im Vordergrund. Ziel ist es dabei, Lösungen zu finden, die aus Anwendersicht (Nutzersicht) überzeugend sind. Originell dabei: Die momentan populäre Orientierung an der detaillierten De- und Präskription von Prozessen wird im *Design Thinking* zurückgefahren. Es geht vielmehr um drei gleichwertige Grundprinzipien Team, Raum und Prozess.

Design Thinking orientiert sich an der Arbeit von Designern. Die Unterstellung: Diese arbeiteten nutzerorientierter und pragmatischer, aber auch realistischer als manch andere unternehmerische Produktivkräfte. Der *Design Thinking*-Prozess, der nicht linear gedacht wird, kombiniert die Levels Verstehen, Beobachten, Ideengenerieren, Verfeinern/Justieren, Implementieren und, ganz wichtig, Lernen. Letzteres wird besonders betont, die Orientierung an physischen Produkten hingegen eher weniger.

Und das ist die Krux mit dem *Design Thinking* von heute: Es geht um die Arbeit von Designern, aber nicht um Design im physischen oder auch nur formgebenden Sinne. Es scheint im Verständnis des *Design Thinking* vielmehr gerade konstitutiv zu sein, die Nachrangigkeit des zu designenden Endproduktes demonstrativ zu betonen. Der Ansatz des *Design Thinking* scheint seine Originalität gerade daraus schöpfen zu wollen, das Design der Idee eines zu designenden Produktes zu entkleiden. Design Thinkers lieben es, alles Designte zu verachten. „Hier geht es jetzt nicht um schöne Designobjekte" ist einer der Lieblingssätze vortragsreisender Design Thinker.

Mit dieser vermeintlich counterintuitiven Formverachtung hat sich das *Design Thinking* aus meiner Sicht ein wenig in eine Sackgasse manövriert. Und hier stellt sich nun natürlich die Frage nach der Re-Integration der Form in die Welt der Organisationen. Was nämlich, wenn wir *Design Thinking* quasi zu seinem Wesenskern zurückführten und die Arbeit „von Designern" eben nicht da enden ließen, wo nur über irgendwelche „Problemlösungen" palavert wird, sondern wenn wir sie weiterzuführten zu einem Dialog über die Ausdrucksformen eines bestimmten Willens zur Form, von Design eben? Was, wenn wir es bei *Design Thinking* tatsächlich um die Möglichkeit von Design gehen ließen? Dann wäre die Position des Unternehmens, das *Design Thinking* betreibt, eine re-konkretisierte, eine, die die Abstraktheit der digitalen Welt in einem Maße verinnerlicht, das sie nicht zur Neutralität des Formlosen führt, sondern zu einer hochgradig flexiblen und agilen Form der Unternehmung, die immer dann sich materialisiert, wenn es Wettbewerbsvorteile verspricht.

Letztlich gibt es in der momentanen Welt der ökonomischen Digitalisierung von Firmenaktivitäten sogar ein Schlagwort für diese Philosophie: das Internet of Things (IoT). Dahinter steckt bekanntlich der Ansatz, dass natürlich die Digitalisierung dann besonders profitabel ist, wenn sie sich auch auf die Welt der physischen Produkte übertragen lässt. Das IoT ist letztlich eine digital angereicherte Welt des Physischen, die Verschmelzung von Daten und Dingen. Das Geschäft mit den intelligenten Produkten wächst massiv. Ein Wettbewerbsvorteil ist immer dann gegeben, wenn ein Unternehmen schneller und cleverer als andere den Transfer zwischen der abstrakten Welt der Daten und der konkreten Welt physischer Prozesse unternimmt. Das kann im B2C- wie im B2B-Kosmos der Fall sein.

Beispiel: *ProGlove*
Ein schönes Beispiel für Letzteres ist das innovative IoT-Produkt „*ProGlove*" der Münchner Startup-Firma *Workaround* (Kyriasoglou 2018). Daten aus der digitalen

Welt werden direkt in die grauen Arbeitshandschuhe eingespeist, die Mitarbeiter von großen Industriefirmen wie BMW oder von Logistikriesen wie Ikea verwenden diese als intelligente Arbeitstools verwenden. Das Ergebnis: ein direkter Link zwischen Mensch, Maschine und grenzenloser Welt der Daten da draußen. Die digitale Sphäre selbst wird hier im Sinne Marshall McLuhans (1964) zur „extension of man".

Das Produkt macht Arbeiter schneller und effizienter. Beispiel BMW-Fertigung: Früher mussten die Techniker für jedes Teil, das in einem Wagen verbaut wird, einen Scanner zur Hand nehmen; jetzt übernimmt der Handschuh das Einscannen der Barcodes. Außerdem hilft er dabei, Fehler zu vermeiden: Bei einem falschen Schritt ertönt ein Warnlaut.

BMW kann damit Geld sparen und nutzt den Handschuh mittlerweile in jedem seiner europäischen Werke. Konzerne wie Ikea, Lufthansa, ThyssenKrupp und Penny verwenden den Handschuh in ihren Lagern. Workaround setzt heute mehrere Millionen Euro jährlich um und wächst rasant, erklärte Geschäftsführer Thomas Kirchner kürzlich gegenüber dem Manager Magazin (ebd.).

Es ist ungewöhnlich, dass ein Start-up schnell so viele namhafte Konzerne als zahlende Kunden gewinnt. Häufiger ist zu beobachten, dass Neugründungen mit einem oder sehr wenigen Lead Usern starten und über diesen Case größer werden. Laut Kirchner liegt die Breitenwirkung an der einfachen Integrierbarkeit des neuen Produktes in die gegebenen, ebenfalls noch physischen Prozesse der verschiedensten Kunden. „Eine große Angst ist, dass SAP angepasst werden müsste und das Zeit und Millionen Euro kosten würde. Die Unternehmen können aber ihre alten Geräte aus- und ProGlove einstöpseln."

Ausstöpseln, einstöpseln – es ist diese pragmatische, an realen physischen Prozessen in Unternehmen orientierte

Einfachheit, die den *ProGlove* für Großkunden attraktiv macht. Und es ist nicht trivial, im IoT derartige Erfolge zu verzeichnen. Die komplizierte Integration neuer Produkte in bestehende reale Abläufe oder Lebenswirklichkeiten ist nämlich eine zentrale Ursache dafür, dass sich dieses Dinge-Internet zögerlicher entwickelt als von Digitaloptimisten gedacht. Einer deutschlandweiten Studie des Marktforschungsunternehmens IDC zufolge haben von 444 befragten Unternehmen mit mehr als 100 Mitarbeitern nur ein Drittel IoT-Projekte oder -Tests eingeführt.

Datenlink zwischen Körper und Welt
Der *ProGlove* ist ein Beispiel für eine IoT-Abwendung, die mit einem Sinn für reale Prozesse ausgestattet ist und zugleich *Design Thinking* nicht bei einer vagen Kundenorientierung enden lässt, sondern aus dem Ansatz physische Produkte ableitet, die die Digitalisierung zum analogen Leben erwecken. Darüber hinaus ist es natürlich ein Symbol für die kulturellen Transformationen durch IoT wie auch durch die digitalen Medien insgesamt. Denn was ist ein Handschuh, wenn nicht ein Verbindungselement zwischen menschlichem Körper und Welt? Dieses Verbindungselement wird nun durch Daten angereichert. Die Daten rücken quasi zwischen Körper und Welt. Umgekehrt schaffen sie aber auch eine neue, intensivere Form der Verbindung. Und der Handschuh seinerseits ist das designte Verbindungsstück, das Daten und menschlichem Körper in eine neue Form der Interaktion setzt. Das Nachdenken über die physische Designwelt hat also dazu geführt, dass Körper und die Abstraktion der Daten ihre Welten rhythmisieren.

Und das hört mit dem einmaligen Anwenden des *ProGlove* nicht auf. Das Designobjekt nämlich sammelt laufend Daten dazu, wie sich Werker bei ihrer Arbeit bewegen. „Wir entwickeln nun eine Software, die für Unternehmen auswerten kann, wie sie ihre Prozesse in der Logistik verbessern können", so Geschäftsführer Kirchner. Das IoT-Objekt und seine Nähe zur Körperlichkeit der Arbeiter schaffen eine neue Form der datenbezogenen Intelligenz, welche die abstrakte Welt der Daten anreichern.

Mit dem Fallbeispiel *ProGlove* haben wir uns natürlich recht weit von der architektonische Grundidee Zaha Hadids wie auch der Theorie des parametrischen Entwerfens entfernt. Jedoch ist dies ein Beispiel dafür, wie stark formbezogen das, was wir mit Armin Nassehi als digitalisierte Gesellschaft und Ökonomie verstehen können, weiterhin funktioniert. Grundlegender formuliert könnte man die Haltung, die man von Zaha Hadid lernen kann, letztlich als eine des Formpotenzials bezeichnen: Die Architektur Hadids glaubt an Formen, an digital smarte Gestaltung auf Basis von physischer Intelligenz. Diese Haltung können und müssen auch Unternehmen einnehmen. Sie müssen permanent an ihrer Fähigkeit zur Form arbeiten – weil diese die Basis von echten Wettbewerbsvorteilen bildet, gerade in Nassehis durchdigitalisierter Welt.

Literatur

Baunetz (2019). Gigantischer Seestern. Flughafen von Zaha Hadid in Peking. https://www.baunetz.de/meldungen/Meldungen-Flughafen_von_Zaha_Hadid_in_Peking_7016494.html. Zugegriffen: 6. Jan. 2020.

Betancourt, M. (2018). *Kritik des digitalen Kapitalismus*. Darmstadt: Wissenschaftliche Buchgesellschaft.

Bolz, N. (1999). Die Wirtschaft des Unsichtbaren. Spiritualität – Kommunikation – Design – Wissen: Die Produktivkräfte des 21. Jahrhunderts. München: Econ.
Czaja, W. (2018). Patrik Schumacher: „Werde als Schuft und Faschist darstestellt" *Der Standard* 28. 1. 2018. https://www.derstandard.de/story/2000073064833/patrik-schumacher-werde-als-schuft-und-faschist-dargestellt. Zugegriffen: 5. Jan. 2020.
Kyriasoglou, C. (2018). Warum BMW und Ikea auf diesen Handschuh setzen. *Manager Magazin* 18.10.2018. https://www.manager-magazin.de/digitales/it/iot-warum-bmw-und-ikea-auf-diesen-handschuh-setzen-a-1233778.html. Zugegriffen: 8. Jan. 2020.
Lackner, P.M. (2016). Parametrismus. *Mini-Lexikon architektonischer Modebegriffe*. http://minilexikon-architektonischer-modebegriffe.tugraz.at/index.php/modebegriffe/parametrismus/. Zugegriffen: 6. Jan. 2020.
Luhmann, N. (2000). *Organisation und Entscheidung*. Opladen: Westdeutscher Verlag.
McLuhan, M. (1964). *Understanding media: The extensions of man*. New York: McGraw Hill.
Meyhöfer, D. (2014). Zaha Hadid. Phantom, Phänomen und Parametrismus. *Quartier, 2014,* 10–15.
Nassehi, A. (2019). *Muster. Theorie der digitalen Gesellschaft*. München: C.H. Beck.
Schumacher, P. (2009). Parametricism: A new global style for architecture and urban design. *Architectural Design, 79*(4), 14–23.
Schumacher, P. (2010). *The autopoiesis of architecture, Volume I: A new framework for architecture*. London: Wiley.
Schumacher, P. (2012). *The Autopoiesis of Architecture, Volume II: A New Agenda for Architecture*. London: Wiley.
Thyssen, O. (2005). The invisibility of the organization. *ephemera, 5*(3), 519–536.

8

Alejandro Aravena: Wie man die Ästhetik der Lücke aushält

Zusammenfassung Der chilenische Architekt Alejandro Aravena steht für einen unkonventionellen architektonischen Ansatz: jenen, Gebäude nur halb fertig zu stellen und die Bewohner selber mit Hand anlegen zu lassen. Dieses Modell sozialer Inklusion wird in diesem Kapitel als Strategie einer architektonischen Co-Kreation interpretiert. Ihr Potenzial für Unternehmen, die ihrerseits auf Co-Kreation setzen, wird analysiert. Es zeigt sich, dass Aravena in Sachen Kundenintegration eine Offenheit an den Tag legt, an der sich Unternehmen unterschiedlicher Branchen orientieren können – und sollten.

Wenn ich dieses Kapitel mit der „Ästhetik der Lücke" betitele, so ist das aus architektonischer Perspektive im doppelten Sinn eine Provokation. Die erste Provokation liegt darin, dass überhaupt im affirmativen Sinn von „Lücke" die Rede ist. Schließlich ist die Architektur eine Lücken schließende Disziplin. Der Architekt, der bewusst Lücken lässt, setzt sich grundsätzlich dem Vorwurf des Unfertigen, Unperfekten, des Laissez-Fair-Haften aus. Lücke und architektonische Gestaltung, das geht – zunächst einmal – nur schwer zusammen. Wir werden sehen, wie Alejandro Aravena hier ein Gegenstatement setzt.

Die zweite Provokation liegt im Begriff der Ästhetik. Die Kombination aus Ästhetik und dem Begriff der Architektur ist nämlich im klassischen Architekturdiskurs eher verpönt. Es gibt sie, die großen Ästheten der Architektur, Architekten wie Valerio OIgiati oder Peter Zumthor. Sie stehen für das Perfekte, Verfeinerte, für eine Architektur, die sich nicht in den Matsch der sozialen Problemlösungen begibt. Aber sie sind Ausnahmefälle. Auf der anderen Seite stehen die vielen „Sozialen", die Architekten, die gesellschaftliche Problemfelder adressieren (oder zumindest behaupten, das tun zu wollen). Unter ihnen aber ist die Thematik der Ästhetik ein Non-Thema. Populär ist hingegen die Binse „es geht nicht um Ästhetik, es geht um…", wonach lauter hehre gesellschaftliche Ziele genannt werden. Ästhetik ist das Andere, von dem sich gesellschaftlich verantwortliche Architekten mit großer Geste distanzieren.

Alejandro Aravena gilt grundsätzlich auch zu jenen gesellschaftlich argumentierenden Architekten. Seine Arbeit ist radikal in dem Sinne, dass sie die Architektur an ihre Grenzen führt – nämlich dahin, wo das perfektionistische Feilen an der nicht mehr optimierbaren baulichen Lösung ersetzt wird durch den wohl roughesten baulichen Abschluss überhaupt: das Lücke-Lassen. Aravena lässt Lücken – anstatt sie sklavisch mit budgetbedingtem Mittelmaß zu füllen oder mit Scheinlösungen. Er lässt die Bewohner seine Gebäude fertig bauen. Er lässt diese sich ihre eigenen Wert- und (und damit sind wir beim Titel) Ästhetikvorstellungen umsetzen – mit den Mitteln, die ihnen zur Verfügung stehen. Und damit ist dann eben doch eine ganz eigene Form der Ästhetik formuliert – die Ästhetik der Lücke eben.

Aus dieser Perspektive betrachtet, ließe sich Alejandro Aravena als ein Architekt verstehen, der beides kann, Ästhetik und Lücke/Soziales. Egal ist ihm die architektonische Form nicht. Das übrigens zeigen auch seine Live-Auftritte im Architekturzirkus, ob nun beim Archilab Orléans in Frankreich oder im Rahmen der Architekturbiennale in Venedig. Wir sehen dann einen großen, schwarz gewandeten Mann, der eine unaufgeregte, quasi beiläufige Eleganz versprüht und der leise, aber wohlklingend spricht. Ein Charismatiker mit struppigem Haar, der Geschichten von Dorfbewohnern in den chilenischen Anden erzählt, von Menschen, die das Schicksal heimatlos machte, die kein Dach über dem Kopf haben – und somit auch keine Architektur (Abb. 8.1).

Tausende Sozialwohnungen hat Aravena bis heute gebaut, vor allem in seinem Heimatland Chile. Sein Architekturbüro hatte er 1994 im prekären chilenischen Niemandsland gegründet. Dort kreierte er günstigen Lebensraum und baute einen neuen Stadtteil, als nach einem Erdbeben und Tsunami im Jahr 2010 tausende Menschen obdachlos wurden. Das war quasi der Gründungsmythos seines Profils als Architekt.

Architektur studierte Aravena an der Päpstlichen Katholischen Universität von Chile (*Universidad Católica de Chile* PUC). Seit 1994 arbeitete er in seinem eigenen Büro, 2001 übernahm er die Leitung von Elemental,

Abb. 8.1 Alejandro Aravena. (Foto: Elemental)

einem Planungs- und Architekturbüro für Infrastruktur, Verkehrswesen, Städtebau und Wohnungsbau. Er hatte Gastprofessuren an der Harvard Graduate School of Design (2000 und 2005) inne und ist heute Professor an der PUC. Von 2009 bis 2015 war er Mitglied der Jury des Pritzker-Preises, mit dem er – für manche pikant – im Jahr

2016 selber ausgezeichnet wurde. 2016 kuratierte er die Architektur-Biennale in Venedig.

Aravena ist, zunächst einmal, ein seriöser Architekt, der auf die Herausforderungen unserer Zeit reagiert – und der baut. Zu seinen bekanntesten Bauten zählt das *UC Innovation Center* auf dem Campus der PUC. Der Professor, der für seine Uni baut – eine interessante Parallele zu Mies van der Rohe. Große Öffnungen in der Fassade des 14-stöckigen Zement-Monolithen fungieren als natürliches Belüftungssystem, ersetzen so die Klimaanlage und reduzieren den Energieverbrauch des Gebäudes um zwei Drittel. Auch bei der Konzeption seiner Siamesischen Türme, „Torres Siamesas" genannt, und anderer Fakultätsgebäude auf demselben Uni-Gelände legte Aravena den Fokus auf Energieeffizienz.

Inzwischen hat Aravena auch weltweit gebaut: ein Universitätsgebäude in Texas, ein Weingut in Deutschland und den Sitz eines Schweizer Pharmakonzerns in Schanghai beispielsweise. Er gehört insofern fast schon zu dem, was manche despektierlich das architektonische Jet Set nennen.

Doch es wäre unfair, sein beginnendes Stararchitektentum rein als eitlen Selbstzweck zu deklarieren. Er hat etwas zu sagen. Spätestens auf „seiner" Architekturbiennale wurde nicht nur seine soziale Mission offenbar, sondern auch sein baustrategischer Ansatz, mit dem er in seiner Heimat nach neuen Wegen sucht, die Menschen in den Prozess der Erstellung von Architektur zu integrieren. Der Claim, wie oben bereits angedeutet: Lieber ein gelungenes halbes als misslungenes ganzes Haus. Der Ansatz: Der Architekt schafft keine komplett fertigen Gebäude (die in Ländern wie Chile oder noch mehr in anderen südamerikanischen Staaten mangels finanzieller und damit baulicher Ressourcen dann eben oft einen eher schlechten Kompromiss darstellen müssen). Er legt stattdessen den Grundstein für Existenzen und überlässt den Bewohnern als Co-Kreateuren die Fertigstellung der Gebäude – je nachdem, über welche Mittel die jeweiligen Bewohner verfügen (Smith 2018).

Zum ersten Mal realisierte er diese Idee in der chilenischen Siedlung *„Quinta Monroy"*. Die dortige Typologie besteht aus zwei übereinander gelagerten Wohnungen mit jeweils etwa 30 Quadratmetern, die mit geringem Aufwand auf 72 Quadratmeter erweiterbar sind. In *Quinta Monroy* wurden die dicht belegten Einheiten innerhalb von wenigen Wochen ausgebaut. Die Gliederung in überschaubare, um Höfe angeordnete Hausgruppen ermöglicht den Bewohnern die Selbstverwaltung, der Staat spart Folgekosten. Außerdem kreiert mit diesem Ansatz der Architekt basierend auf einem staatlichen Bauauftrag einen kollektiven Prozess, der die Gemeinschaft stärkt – so zumindest die Idee, die aber so ganz weit hergeholt nicht klingt.

Ob *Quinta Monroy* indes nun wirklich eine sozial integrative Mustersiedlung ist, und vor allem, wie nachhaltig sie dies ist, müsste man heute erneut beobachten. Fertig gestellt worden war das Projekt ja schon im Jahr 2004. Inzwischen distanziert sich Aravena offenbar selber vorsichtig von dem halben Haus-Ansatz. Klar, ein Architekt will letztlich natürlich ganze Häuser bauen, und das hat Aravena auch bis heute getan. Dennoch bleibt die Minimalwohnung eine interessante Antwort auf räumliche wie auch auf ökonomische Grenzen. Am Anfang stand die Überlegung, das öffentliche Förderbudget von 7200 US$ pro Wohnung für Baugrund, Infrastruktur und Rohbau zu nutzen, also es effizient einzusetzen. So konnte man dann trotz teils auch in Chile hoher Grundstückpreise jene innerstädtischen Gebiete erwerben, in denen die zukünftigen Besitzerinnen und Besitzer vorher in Favela-artigen Quartieren gelebt haben (Abb. 8.2).

8 Alejandro Aravena: Wie man die Ästhetik …

Abb. 8.2 Finish-it-yourself-Architektur in Chile. (Quelle: Elemental)

Wenn wir nun fragen, was man von Alejandro Aravenas Haltung gesellschaftlich lernen kann, so ist dies natürlich ein zweischneidiges Schwert. Schließlich steht seine Position für eine Architektur, die konkrete, lokale gesellschaftliche Problemstellungen zum Thema macht und keine grundlegende gestalterische Vision anbietet, die nicht problembasiert entstanden wäre und grundlegende Lehren auch für das Wirtschaftssystem bereithielte. Aravena hat konkrete gesellschaftliche Problemstellungen in Südamerika im Auge. Der transformatorische Schritt, etwa zu fragen, was Unternehmen von seinen Ansätzen lernen können, ist daher immer mit einem Stück Vorsicht zu verstehen. Ja, es geht darum, seine Ansätze jenseits des sozial mit Not behafteten Settings lateinamerikanischer Slums anzuwenden. Doch nein, dies soll nicht die Tatsache aus dem Blick verlieren, dass er auf konkrete Probleme reagiert und nicht so sehr global anwendbare Programme zur kreativen Weiterentwicklung von Gesellschaften oder gar Unternehmen liefern möchte.

Dies vorausgeschickt, so ist zu konstatieren, dass Aravena etwas für Architekten Ungewöhnliches, ja geradezu Revolutionäres macht: Er gibt ein Stück Planungshoheit aus der Hand. Normalerweise kämpfen Architekten wie Löwen darum, möglichst viel Gestaltungshoheit im Haus zu behalten. Doch für Aravena ist das nicht mehr zeitgemäß. Es führt eben nur zu einem hohen Maß an Vereinheitlichung von für sich genommen immer defizitären Scheinlösungen. Da ist es dann konsequent, zu sagen: Wenn wir schon mit massiv begrenzten Ressourcen arbeiten, dann sollten doch wenigstens die Kunden, also die Menschen, die in den Gebäuden leben, entscheiden, an welcher Stelle am besten zum kürzen ist. Und wenn wir es mit einer Schicht zu tun haben, die den klassischen Ästhetikvorstellungen der Architektenschaft ohnehin abhold ist, andererseits aber womöglich sehr eigene Äußerungen kreativen Lebens tätigt, wäre es da nicht konsequent, auch die Architektur für diese Art von Co-Kreativität zu öffnen?

Die radikale Selbstzurücknahme als Haltung – diese Position ist im Reigen prominenter architektonischer Positionen tatsächlich neu. Dass Architektur etwas mit dem Verständnis von Bedürfnissen von Bewohnern oder Nutzern von Gebäuden zu tun hat, würden selbstredend alle Architekten akzeptieren. Aber das, was, in Reaktion auf diese Bedürfnisse, an Architektur zu entstehen hat, möchte der Großteil der Gestalter doch bitte schön noch selber entscheiden. Und das, was ein legitimes Bedürfnis ist, am besten auch. Architekten sehen sich immer auch ein wenig als Erzieher. Der Ansatz von Alejandro Aravena nimmt hiervon Abstand.

Aravena als Weiterdenker der *Mass Customization*

Den Bewohner von Gebäuden zum Co-Creator von Architektur zu machen bedeutet, zugleich auch die Vorstellungen von Menschen zur Stadt, in der sie leben wollen, nicht nur *„abzufragen"*, sondern sich in konkreten Aktivitäten *materialisieren* zu lassen. Der Mensch wird auf diese Weise ganz neu „empowert", die Stadtentwicklung zu einem persönlichen Anliegen zu machen. Und dem ökonomischen Prinzip der Co-Kreativität eröffnet sich auf diese Weise eine neue Dimension, weil sich diese nun direkt im Lebensumfeld der Menschen niederschlägt. Die Menschen formulieren nicht nur Bedürfnisse oder „geben Feedback", sondern gestalten und produzieren selber. Und sie müssen auch die Konsequenzen ihres eigenen Schaffens in aller Konsequenz (er-)tragen. Vielleicht ist es diese Radikalität, die den Fall Aravena für Autoren im Business-Kontext interessant macht. Svejenova und Christiansen (2018) ziehen den Fall jedenfalls heran, um ihn auf Potenzial für die Formulierung eines ganz neuen Modelles kreativer Innovationsführerschaft hin zu untersuchen. Für sie ist Aravenas Loslassen ein Fall von „creative leadership" – weil dieses eben heute immer auch bedeutet, neue soziale Anschlussfähigkeiten zu schaffen.

Aravena ist also managementtheoretisch anschlussfähig. Diese Anschlussfähigkeit beschränkt sich nicht auf grundlegende Wirtschaftsdiskurse wie die Frage nach kreativer Vorreiterschaft von Svejenova und Christiansen. Mit seiner speziellen Note für den Diskurs über Co-Kreation liefert Aravena uns zugleich eine neue Dimension dessen, was in Unternehmen unter Konzepten wie *Mass Customization* diskutiert wird, also der automatischen und großformatigen, eben „massenhaften" Individualisierung von Produkten nach den Vorstellungen von Kunden. Piller et al. (2004) erläutern, weshalb eine neue, integrierte und durchaus auch gesellschaftlich erweiterte Sicht auf die Wertschöpfung in auf *Mass Customization* basierenden Produktionsmodellen nötig ist. Diese liefert Aravena.

Gemäß den Autoren um Piller ist die bisherige Sicht auf *Mass Customization* zu stark auf die Möglichkeiten einer flexiblen *Fertigungs*technologie zentriert. Die Autoren argumentieren hingegen, dass moderne *Informations*technologien eine ähnlich wichtige Rolle spielen. Das für sich genommen würde Aravena natürlich noch nicht als Propheten des *Mass Customization* positionieren. Er wird es dann aber, wenn wir bedenken, dass die Bedeutung dieser Informationstechnologien letztlich darauf beruht, dass ein anderes markantes Prinzip der *Mass Customization* effizient umgesetzt werden kann: die möglichst *ganzheitliche* Einbindung des Kunden in die Produktionsprozesse. Der Kunde wird im Zuge der Konfiguration, Produktspezifikation und des Co-Designs möglichst umfassend in die Wertschöpfung eingebunden – so die Idee. Aber das funktioniert in den meisten Unternehmen bisher noch nicht.

Wie geht Kundenintegration?
Die Kundenintegration wird häufig als Notwendigkeit und Quelle zusätzlicher Anpassungskosten angesehen. Das aber muss nicht so sein. Kundenintegration kann durchaus ein Faktor zur Steigerung der Innovationskraft sein und den Weg für eine Reihe neuer Ideenpotenziale ebnen. Um diese zusammenzufassen, wird häufig der Begriff der „Integrationsökonomie" verwendet. Integrationsökonomien ergeben sich laut Piller und Co. aus drei Quellen:

1. Manche Aktivitäten, die Unternehmen bisher quasi auf Vermutung hin machen mussten, werden bis nach der Auftragserteilung verschoben, was zu smarteren Produkten führt.
2. Das Unternehmen erhält genauere Informationen über die Anforderungen des Marktes.
3. Das Unternehmen erhört durch die Integration der Kunden massiv deren Loyalität, weil es eben direkt mit ihnen interagiert.
Und ich würde noch einen vierten Punkt ergänzen, einen, der in unserem Kontext vielleicht der wichtigste ist:

Und ich würde noch einen vierten Punkt ergänzen, einen, der in unserem Kontext vielleicht der wichtigste ist:

4. Durch die Integration von Kunden zeigt ein Unternehmen Haltung. Denn es ist bereit, seine Kultur durch die Reaktion auf Input von außen zu erweitern und zu flexibilisieren. Und es ist bereit, sich den Erwartungen und Anforderungen externer Inputgeber zu stellen – auch wenn diese bestimmten Grundannahmen der Firma selbst zuwiderlaufen.

Gerade letzterer Punkt wird durch ein Modell aus den Nullerjahren quasi gespiegelt, in dem der Managementguru C.K. Prahalad die möglichen Wertschöpfungspotenziale der Co-Creation zu systematisieren versucht. Heraus kommt, in gutem Management-Theorie-Duktus, ein einprägsam gebrandetes Modell: das „DART-Modell". Dieses formuliert die These, die zentralen Wertschöpfungsbereiche der Co-Creation seien „dialogue", „access", „risk assessment" und „transparency". In meinem Verständnis bilden diese nicht nur ökonomische Wertschöpfungsdimensionen, sondern zugleich Bereiche, in denen sich die Haltung des Unternehmens in Bezug auf eine veränderte Corporate Culture spiegelt.

Dialog

„Dialog" bedeutet Interaktivität, Engagement und die Bereitschaft, jeweils eine Offenheit für Input auch neuer, überraschender Stakeholder beizubehalten. Wichtig dabei: Dialog ist nicht dasselbe wie „zuhören". Er setzt vielmehr ein gemeinsames Lernen und eine offene Kommunikation zwischen zwei gleichberechtigten Produktivkräften voraus.

Für einen Architekten ist das denkbar ungewohnt. Klassischerweise ist der Kontakt zu den Endnutzern eher unangenehm für Architekten, allen politisch motivierten Versuchen zum Trotz, „Partizipation" im konkreten Planungsprozess praktisch zu etablieren. Und von den Nutzern „lernen" will man schon gar nicht. Im Falle Aravenas dürfen wir davon ausgehen, dass dieser Kontakt nicht nur intendiert ist, sondern dass das gesamte Planungskonstrukt nur aufgeht, wenn sich ein konstruktiver Austauschprozess zwischen Architekt und Bewohnern schon in einer ganz frühen Planungsphase ergibt und sich dann weit über das Ende der architektonischen Arbeiten hinaus erstreckt. Svejenova und Christiansen (2018) arbeiten in ihrer empirischen

Untersuchung heraus, wie Aravena auf vielen Ebenen den Dialog proaktiv initiierte sowie diverse Formate der Micro-Interaktionen entwickelte und ausprobierte, um das Umfeld in der Wohngegend und vor allem die potenziellen User in den Entwurfsprozess zu integrieren und deren Präferenzen herauszufiltern. Dabei galt es nicht zuletzt, einen Prozess zu finden, der den Architekten als Formgeber nicht per se leugnet, aber doch wann immer möglich so zurücknimmt, dass er vor allem als Steigbügelhalter für die Kreativität der potenziellen Nutzer und der Menschen vor Ort fungiert.

Zugang
Kommen wir aber, bezogen auf Dimension zwei (access), zurück zu Prahalad. Der bezog sich in seiner Diskussion dieser Dimension auf Erfahrungen der „Taiwan Semiconductor Manufacturing Company" (TSMC), des heute weltweit drittgrößten Halbleiterherstellers. Prahalad faszinierte, wie TSMC seinen Kunden bereits früh Zugriff auf Daten zu Herstellungsprozessen, Konstruktions- und Fertigungsbibliotheken und Qualitätsprozessen gewährte. Mit zunehmender Softwareorientierung des Halbleitergeschäfts konnten daher auch kleine Software-Unternehmen auf die Wissensbasis des großen Players TSMC zugreifen. Für jene reduzierte das die nötigen Investitionen. Für TSMC folgten daraus eine erhöhte Kundenbindung und eine verbesserte Passgenauigkeit neuer Produkte und Services.

Das Thema Zugang ist im Falle des Aravenaschen Architekturansatzes noch deutlich größer als im Beispiel TSMC. Denn er ermöglicht seinen Kunden nicht nur den Zugang zu vorarchitektonischen Planungslaboren, sondern zur Architektur, also dem Endprodukt selbst. Seine Kunden reden nicht mit, sie bauen mit. Die *Customization* der Architektur Aravenas vollzieht sich ganz maßgeblich eben „on site", auf der Baustelle – wo denn auch sonst, möchte man sagen.

Risiko

Das Thema „Risiko" ist zunächst natürlich ein eher defensives. Es geht schlicht darum, dass Unternehmen überlegen müssen, inwieweit Verbraucher, die Co-Kreatoren sind, auch die Verantwortung für Risiken des gemeinschaftlichen Kreationsprozesses tragen sollen. Klar ist: Konsumenten werden darauf bestehen, dass die Unternehmen sie umfassend über Risiken informieren und nicht nur Daten, sondern geeignete Methoden zur Bewertung des mit Produkten und Dienstleistungen verbundenen persönlichen und gesellschaftlichen Risikos bereitstellen.

Ein zunächst überraschendes, aber bei Lichte besehen durchaus logisches Beispiel wählt Prahalad in diesem Zusammenhang: die Pharmabranche. Im Grunde ist es ja tatsächlich so, dass hier eine Kultur der Co-Kreation herrscht. Co-Kreation findet unter anderem im Bereich des Medikamententestings statt. Testpatienten sind Co-Kreatoren – nicht, weil sie besonders kreativ wären, sondern weil sie ihre körperliche Disposition in einem Kreationsprozess einbringen. Sie tragen Risiken, um Risiken abschätzen zu helfen.

Und auch der Einsatz von Medikamenten im realen Leben beinhaltet Potential für Co-Kreation. Prahalad argumentiert, dass Kunden co-kreieren, indem sie ihre Erfahrungen mit neuen Produkten realisieren und zumindest im Negativfall auch an die Unternehmen zurückspielen. Das im Prahalad-Aufsatz gewählte Exempel ist ein Medikament zur Behandlung des „Reizdarmsyndroms". GlaxoSmithKline führte das Produkt im Jahr 2000 am Markt ein, es wurde von über 275.000 Patienten angewendet. Als signifikante Nebenwirkungen zu mehreren Todesfällen führten, zog Glaxo das Medikament nach weniger als zehn Monaten zurück.

Natürlich wäre es zynisch und auch unsinnig, in diesem tragischen Feedback-Loop einen Inbegriff von Co-Kreation zu sehen. Muss man auch nicht. Interessant ist nämlich, dass die Geschichte hier nicht endet. Tausende von Patienten protestierten und forderten die zuständige Behörde auf, das Arzneimittel unter strengeren Kontrollen erneut zu genehmigen. Grundsätzlich half das Mittel nämlich vielen. Im Jahr 2002 willigten die zuständigen Beamten ein. Das bedeutet: Im Zuge der Co-Creation wurden die Konsumenten in diesem Beispiel zu Kritikern und zugleich auch zu Advokaten eines Produktes. Sie entwickelten eine regelrechte aktivistische Dynamik, um „Ihr" Produkt zu retten. Diese kundenbezogene Dynamik gilt es, im Zuge von Co-Kreations-Prozessen in größerer Breite zu schaffen. Der Fall Aravena bietet hierfür Anschauungsmaterial.

Transparenz

Die bisherigen Überlegungen haben bereits deutlich gemacht: Das Prinzip der Co-Kreation in der Architektur, das Architekten wie Alejandro Aravena vormachen, kann auch im ökonomischen Prozess insgesamt eine tragende Rolle spielen. Damit aber dieser Wandel auf breiter Front stattfindet, braucht es ein Umdenken in Sachen Informationsverteilung und *transparency*, der vierten von Prahalad angesprochenen Dimension. Insofern ist interessant, dass Prahalad ausgerechnet die Pharmabranche als Beispiel heranzog, eine Branche, die wie kaum eine andere von Informationsasymmetrien zwischen Firma und Verbraucher lebt. Hier braucht es, so lässt sich sein Gedanke weiterführen, definitiv einen Paradigmenwechsel.

Doch nicht nur Big Pharma lebte bisher von der Intransparenz. Frühere Geschäftsmodelle in vielen

Branchen wie auch andere gesellschaftliche Prozesse etwa in den Bereichen Politik oder Verwaltung basierten auf Informationsasymmetrie. Die einen wussten etwas, die anderen mussten auf den guten Willen der Mehrwissenden vertrauen (der ja auch, um jetzt nicht in ein marxistisch-pauschale Institutionenkritik zu verfallen, grundsätzlich da war, zumindest punktuell). Unternehmen haben häufig sehr von der Asymmetrie der Informationen zwischen dem Verbraucher und ihnen profitiert. Aber: Co-Kreation funktioniert unter diesem Paradigma nicht.

Das Ende der Informationsasymmetrie
Und das Asymmetrie-Paradigma selbst funktioniert heute auch nicht mehr. Die Asymmetrie verschwindet zunehmend, informationsbezogene Machtkonstellationen sind fluider geworden. Information ist heute breiter denn je verfügbar, und auch bestehende Asymmetrien lassen sich allenfalls noch temporär aufrechterhalten. EU-Kommissionspräsidentin Ursula von der Leyen musste sich kürzlich wegen gelöschter Daten auf ihrem Jobhandy verantworten, also für eine bestehende Informationsasymmetrie, die man ihr oder der Politik insgesamt schlicht nicht mehr zugesteht. Und auch Unternehmen können die Undurchsichtigkeit von Preisen, Kosten und Gewinnspannen nicht länger einfach voraussetzen.

Wenn Informationen über Produkte, Technologien und Geschäftssysteme zugänglicher werden, wird Transparenz zum neuen Paradigma und die Schaffung neuer Transparenzniveaus nicht nur immer wünschenswerter, sondern letztlich zu einer unternehmerischen wie gesellschaftlichen Pflichtaufgabe. Es braucht nun eine neue Kultur der kontrollierten Transparenz. Denn natürlich heißt Transparenz nicht einfach „alles öffnen". Letzteres wäre in gewisser Weise das Ende des Unternehmens als Kompetenzträger. Es gilt hingegen, ein eigenes System der Transparenz zu schaffen, eine Kultur der Offenheit und Selbstöffnung zu entwickeln. Es gilt, immer wieder neu zu untersuchen, welche internen Wissenselemente das Potenzial haben, zu Co-Kreation zu führen, und diese dann entsprechend breit verfügbar zu machen. Die Bereitschaft hierzu bildet die Basis für einen Prozess echter, offener Co-Kreation. Auch dies lehrt uns die Architektur. Alejandro Aravena hat diese Kultur für sich definiert. Er hat zum Beispiel kein Problem damit, seine Bauprinzipien offenzulegen. Er hat sogar explizit sein komplettes Design ins Netz gestellt, als eine Art architektonisches Open Source-Programm (Svejenova und Christiansen 2018).

Und er ist damit nicht nur nicht allein, sondern in gewisser Weise nur der Extremfall einer Haltung, die in der Welt der Architektur generell herrscht. Auch andere Architekturbüros scheuen nicht davor zurück, die Grundlagen ihrer architektonischen Lösungen zu offenbaren. Aus nichtarchitektonischer Sicht ist es eigentlich bemerkenswert: Architekten sind willens, ihre Baupläne (Schnitte, Grundrisse) gesellschaftlich einsehbar zu halten und beispielsweise Architekturmagazinen zur Verfügung zu stellen, die diese publizieren.[1] Welcher Autokonzern würde das bereitwillig machen? Oder welcher Nahrungsmittelkonzern? Unternehmen aber, die an Co-Kreation wirklich interessiert sind, sollten sich mit dieser Haltung zumindest konstruktiv auseinandersetzen – und sich,

---

[1]Eine neue Dimension erlangt dieses architektonische Information Sharing momentan im Zuge eines digitalen Technologiesprunges, der unter der Headline „BIM" (Building Information Modeling) verhandelt wird. BIM stellt letztlich die Möglichkeit für Architekt, Bauherr und andere beteiligte Gewerke dar, gemeinsam an derselben Datenbasis zu arbeiten und das Gebäude gemeinsam zu entwickeln. In der Architektur in Deutschland flächendeckend durchgesetzt hat sich BIM noch nicht. Experten gehen jedoch davon aus, dass zumindest große Architekturbüros nicht daran vorbeikommen, eine umfassende BIM-Expertise auszuprägen und ihre Projekte künftig mit BIM zu planen.

ja, womöglich auch ein Stück weit daran ein Beispiel nehmen.

Literatur

Piller, F. T., Moeslein, K., & Stotko, C. M. (2004). Does mass customization pay? An economic approach to evaluate customer integration. *Production planning & control, 15*(4), 435–444.

Prahalad, C. K., & Ramaswamy, V. (2004). Co-creating unique value with customers. *Strategy & Leadership, 32*(3), 4–9.

Smith, C. (2018). The do-it-your (self): The construction of social identity through DIY architecture and urbanism. In: F. Karim (Hrsg.), The Routledge companion to architecture and social engagement (S. 243–256). London: Routledge.

Svejenova, S., & Christiansen, L. H. (2018). Creative leadership for social impact. In: C. Jones & M. Maoret (Hrsg.), Frontiers of creative industries: Exploring structural and categorical dynamics. Research in the sociology of organizations (Bd. 55, S. 47–72). Bingley: Emerald Publishing.

9

Statt eines Nachwortes – Interview mit Tatjana Schneider (Universität Braunschweig) über Haltung (in) der Architektur

Alexander Gutzmer: Tatjana, dieses Buch versucht, das architektonische Konzept von Haltung auf die Gesellschaft als Ganze zu übertragen. Hältst Du das für ein verwegenes, womöglich sogar für ein unmögliches Unterfangen?

Tatjana Schneider: Ich würde zunächst einmal bei den Architektinnen selber anfangen. In der Architektur selbst ist Haltung für mich ein ebenso wichtiges wie problematisches Konzept, und das nicht nur, wenn ich auf die *heutige* Architektur blicke. Haltung, das hat für mich etwas mit Ethik und mit ethischem Verhalten zu tun. Und so gesehen frage ich mich dann: Hat die Architektur überhaupt eine „Ethik" und in diesem Sinne eine Haltung? Ich bin skeptisch. Natürlich wird von Haltung viel geredet. Aber in der konkreten Architektur war sie schon immer Mangelware.

Gutzmer: Woran liegt das?

Schneider: Daran, dass Architektinnen vor allem Dienstleister sind. In dieser Rolle geht den Architektinnen die Fähigkeit verloren, eine eigene Haltung überhaupt auszuprägen. Viele Architektinnen haben ja im Grundsatz richtige Vorstellungen. Aber diese werden, sobald die Architektinnen mit der realen Welt konfrontiert werden, schnell und willfährig über Bord geworfen. Da werden schnell die Wünsche der Bauherren übernommen und zu den eigenen gemacht. Für mich hat Haltung auch etwas mit Rückgrat zeigen zu tun – wenn es zum Beispiel um ökologische Grundsätze geht, um Arbeitsbedingungen und noch ganz vieles mehr. Das vermisse ich.

Gutzmer: Dennoch spielt Haltung im architektonischen Diskurs eine große Rolle, gerade auch an den Universitäten. Daher die Frage an Dich als Hochschullehrerin: Kann man Haltung überhaupt lehren?

Schneider: Ich lehre in Braunschweig ja schwerpunktmäßig Architektur*theorie*. Da habe ich schon einen Einfluss auf die Grundpositionen, die die Studierenden im Studium, aber auch danach in der Berufspraxis einnehmen und einnehmen können. Es geht für mich als Lehrerin darum, ihre gesellschaftliche Sensibilität zu stärken und ihnen Beispiele aus der Architekturgeschichte und -gegenwart zu liefern, in denen im oben beschriebenen Sinn Haltung zum Ausdruck kommt. Es geht darum, nach alternativen Arbeitsweisen zu suchen und zu zeigen, dass man als Architektin Dinge anders machen kann, also dass man zum Beispiel den Forderungen und Wünschen ganz anderer Parteien Gehör verschaffen kann als nur denen der Geldgeber.

Gutzmer: Du sprichst damit die Haltung von Architekten an, die sich direkt im Doing Ausdruck verschafft. Daneben gibt es auch immer wieder die Forderung, dass Architekten stärker in die großen gesellschaftlichen

Debatten eingreifen sollten. Warum geschieht das so selten?

Schneider: Architektinnen haben einen schwierigen Stand. Das hat sicher auch mit der angesprochenen Dienstleistungsmentalität zu tun. So lange sie sich nur als Dienstleisterinnen für Eliten verstehen und von diesen auch so benutzt werden, sprechen sie die grundlegenden Fragen, die ans Eingemachte gehen, nicht an. Die wichtigsten Themen sind ja für alle Beteiligten offensichtlich: die Bodenfrage beispielsweise, oder die zunehmend kritische Frage nach bezahlbarem Wohnraum. Architektinnen könnten und sollten auch stärker nach neuen Formen der Kollaboration suchen, die dem Gemeinwohl zuträglich sind. Und sie sollten konsequenter ihre eigene Haltung zum Klimanotstand finden und formulieren.

Gutzmer: Direkt Einfluss nehmen kann man am besten vielleicht als Abgeordneter in Parlamenten, vor allem im Bundestag. In Deutschland fiel einem hier als Architekt vor allem immer der inzwischen verstorbene Peter Conradi ein. Er saß für die SPD von 1972 bis 1998 im Bundestag. Nach ihm kamen aber so viele nicht mehr. Sollten Architektinnen und Architekten also häufiger auch in die Politik gehen?

Schneider: Unbedingt. Es gibt hier außerhalb Deutschlands ja auch Beispiele. *Ateliermob* etwa ist ein Beispiel für sehr direktes politisches Engagement. Dahinter verbirgt sich einerseits ein Architekturbüro, das sich zugleich aber auch als multidisziplinäre Plattform versteht, die Projekte und Forschungen in der Architektur, Stadtentwicklung und Landschaftsgestaltung betreibt, immer mit einem direkt politischen Bezug. Oder nimm die Architektin und Aktivistin Leslie Kanes Weisman. Sie gehörte zu den Gründerinnen des *New Jersey Institute of Technology* der School of Architecture in Newark, New Jersey. Leslie ist eine ganz wichtige Figur der architektonisch gedachten

Gegenkultur. Mit der *„Women's School of Planning and Architecture"* hat sie eine alternative Architekturschule gegründet. Der Begriff und das Konzept des *Universal Design* gehen unter anderem auf sie zurück. Aber auch in Latein- und Südamerika findest Du viele Beispiele dafür, dass Architektinnen sich direkt politisch engagieren und sich für die Belange der vielen einsetzen anstatt für die der wenigen.

Gutzmer: Eine der Thesen meines Buches ist ja, dass ein Element der Haltung von herausragenden Architekten immer der „Mut zur Metropole" war. Architekten wie zum Beispiel Ludwig Mies van der Rohe hatten, so meine These, ein urbanes Selbstbewusstsein, das sich im Willen äußerte, unsere Metropolen proaktiv und mit einer eigenen Vision zu gestalten. Dieses Selbstvertrauen, so argumentiere ich im Buch, fehlt heute ein wenig. Wie siehst Du das?

Schneider: Es gibt schon viele Architekturbüros mit großem Selbstvertrauen, die ihren Fußabdruck in den Metropolen von heute hinterlassen wollen. Denken wir an *BIG*, denken wir auch an *OMA*, die Du ja auch im Buch hast. Oder denken wir an Büros wie *gmp* aus Deutschland. Sie alle entwerfen und planen ja teils ganze Metropolen. Allerdings nicht primär im europäischen Raum, sondern in Asien oder dem Nahen Osten. Zumindest rhetorisch geht es dabei um die Metropole der Zukunft. Und es geht beispielsweise *BIG* ja durchaus auch um Visionen zum Umgang der Stadt mit dem Klimawandel – auch wenn der technodefensive Ansatz dieses Büros keiner ist, den ich teile. Ich bin mir aber nicht sicher, ob das alles wirklich zu einem neuen und global gerechtem Stadtmodell führt. Es braucht sicher Visionen, aber doch auch ein vorsichtiges Agieren, wenn man bedenkt, wie viel mit den bombastischen Stadtvisionen der Vergangenheit schiefgegangen ist.

9 Statt eines Nachwortes – Interview mit Tatjana ...

Gutzmer: Aber führt das umgekehrt nicht vielleicht zu viel Kleinmütigkeit?

Schneider: Das darf es natürlich nicht. Die Frage ist doch, in welche Richtung sich unsere Städte entwickeln sollen. Das dürfen Architektinnen nicht einfach quasi „von oben" vorschreiben. Aber verstehe mich richtig: Ich bin schon dafür, dass wir gemeinsam eine Vision für die Stadt des 21., 22. und der darauffolgenden Jahrhunderte entwickeln und auch formulieren. Die Frage ist aber, was das Ziel dieser Vision ist. Aus meiner Sicht muss es dabei um Fragen der sozialen und ökologischen Gerechtigkeit gehen, um die Zukunft von Arbeit und um die zentrale Frage, wie unser gesellschaftliches Zusammenleben künftig noch oder wieder organisiert sein kann.

Gutzmer: Und hier ist dann doch wieder architektonische Haltung gefragt

Schneider: Ja, klar. Das mag zu großformatigen Lösungen führen, aber sich auch in ganz kleinteiligen Projekten niederschlagen. Um nochmal ein paar Beispiele zu nennen: Die Projekte des französischen Büros *Lacaton Vassal*, speziell im Wohnbaubereich, sind wirklich sehr wichtig. *Rotor* aus Brüssel beschäftigen sich sehr grundlegend mit der Materialfrage. Oder nimm die Art, wie *Superuse* in Rotterdam Materialströme erforschen. Diese Büros verfolgen Ansätze, die die materielle Welt, die der bloß gebauten Architektur, übersteigen. Genauso wie die Initiativen der NGO „*Center for Urban Pedagogy*" oder die Projekte, die der Architekt Teddy Cruz zusammen mit der Politikwissenschaftlerin Fonna Forman an der Grenze zwischen den USA und Mexiko realisiert. Dies alles sind Beispiele für Positionen, die Öffnungen schaffen und unser Verständnis von Architektur erweitern. Und genau darum geht es ja auch in Deinem Buch.

Gutzmer: Wenn diese Öffnungen allerdings stattfinden, dann steht es um die Haltung der heutigen Architektur ja doch grundsätzlich gar nicht so schlecht.

Schneider: Es geschieht Einiges, aber es könnte und müsste noch viel mehr geschehen. Das wird an vielen Orten nicht zuletzt auch von den Studierenden zunehmend eingefordert. Die sagen: Jetzt lernen wir ganzheitliches Denken vielleicht in der Theorie. Aber wo sind denn die Fächer, die Aufgaben, in denen wir das Umsetzen dieser Ideen üben können? Sie sind mit der Dienstleisterrolle eben nicht mehr zufrieden.

Gutzmer: So wie Du Architektur denkst, ist ein Büro, das ich im Buch als Beispiel heranziehe, bestimmt nicht vereinbar mit Deinem Konzept architektonischer Haltung: *Zaha Hadid*. Form und Sichtbarkeit als architektonische Haltung – das scheint Dir kein sinnvolles Plädoyer in der heutigen Zeit zu sein, auch wenn das Büro weltweit baut und damit ja in gewisser Hinsicht „Erfolg" hat – wie auch immer wir Erfolg genau definieren.

Schneider: Für unserer Zeit angemessen halte ich diese rein formbezogene, formalistische Art der Architektur tatsächlich nicht. Und dass das Büro Erfolg hat, ist für mich kein Gegenargument. Die Frage ist doch, wie wir Erfolg definieren. Hier wird Erfolg einfach über die Nachfrage der Auftraggeberinnen definiert. Aber es wird nicht gefragt, was die Gebäude überhaupt erreichen wollen oder auch was die Städte, die derlei Kathedralen beauftragen, damit erreichen wollen. Die Verquickung zwischen Architektur und Stadtmarketing wird ja immer enger, spätestens seit Gehrys Steilvorlage in Bilbao. Die Städte erkennen, dass Menschen, die an sich nur peripher an der Architektur interessiert sind, von Hadid-Bauten angezogen werden. Natürlich haben die einen gewissen touristischen Mehrwert. Aber sie sind nicht für die Stadtgesellschaft geplant, sondern rein aufgrund ihrer Außenwirkung. Sie sind ein Ausdruck der globalen Wirkung von Macht.

Gutzmer: Das sind sie sicherlich. In einem Punkt aber würde ich widersprechen: Ich glaube nicht, dass derlei Bauten, auch wenn sie formalistisch daherkommen, keine Funktion für die Stadtgesellschaft haben. Vielmehr scheint mir, als könnten sie gerade durch ihre stark imaginativ wirkende Effektbezogenheit Auswirkungen auf die Identität der Stadt haben.

Schneider: Das mag schon sein. Ich glaube aber, dass sich diese Effekte auch mit einer weniger monumentalen Bauweise erzielen ließen. Nimm doch die großen sozialen Bauprojekte aus Frankfurt oder Berlin der 1920er Jahre. Hier zeigt sich, dass auch sozialer Wohnungsbau ikonisch sein kann. Weshalb sollte das heute nicht mehr funktionieren? Muss es denn immer groß, monumental und aus meiner Sicht überzogen sein? Und vergessen wir eines nicht: Die Gebäude Hadids sind auch innerhalb der Städte oder Gesellschaften, in denen sie entstehen, keineswegs unumstritten. Nehmen wir nur die Kontroverse rund um die Zaha Hadid-Planung des Stadions für die Olympischen Spiele in Tokio. Die Diskussion war und ist sehr kritisch, schließlich gab das Büro Hadid auf und Kengo Kuma lieferte einen neuen Entwurf. Die Stadtbewohner sehen, dass die Hadid-Bauten rein aus dem Moment heraus entstehen, ohne dass über die Nachnutzung überhaupt nur nachgedacht wurde. Das sind doch reine Materialschlachten. Ich würde also dazu anregen, auch darüber nachzudenken, was die wirklichen „Ikonen" unserer Zeit sein können, auch jenseits der bloßen expressiven Formen.

Gutzmer: Einer, der das auch meiner Sicht tut, ist Alejandro Aravena. Er definiert Haltung vor allem als die Akzeptanz von Nutzer-Interaktion und Nutzer-Kreativität. Ist das ein zeitgemäßes Konzept für Dich?

Schneider: Aravena ist auf vielen Ebenen interessant. Er hat begonnen zu definieren, wie eine ganz andere Form der Architektur und Architekturproduktion aussehen kann. Interessant an Aravena finde ich, dass der soziale Anspruch zusammen mit der Gestaltung gedacht wird. Allerdings blendet er andere soziale Themen aus. Für mich ist Aravena immer noch ein Teil der Starkultur, eben ein Stararchitekt der etwas anderen Sorte. Da gibt es andere, die viel leiser arbeiten und so viel mehr erreichen.

Gutzmer: Du schätzt Architektinnen, die leise arbeiten, zugleich forderst Du aber auch einen großen gesellschaftlichen Effekt. Das Stichwort: Unordnung. Deine Antrittsvorlesung in Braunschweig lieferte ein Plädoyer für die unordentliche Stadt. Widerspricht das nicht in gewisser Hinsicht der Selbstdefinition von Architekten als Stadt-Ordner?

Schneider: Nicht zwingend. Natürlich ist mein Plädoyer für die Unordnung polemisch und ein wenig überspitzt. Aber mir stellt sich schon die Frage, warum Ordnung immer gut ist. Und vor allem, welche Art der Ordnung für wen gut ist, wer also Ordnung produziert und wer definiert, was als Ordnung gilt. Da muss man genauer hinschauen. Warum lernen schon meine Kinder, dass es bessere Noten gibt, wenn Zettel und Notizen akribisch in Ordnung gehalten werden? Ordnungen schaffen ja auch Hierarchien. Ich sage nicht, dass wir gar keine Hierarchien und Kategorisierungen brauchen. Aber gelegentlich täte es uns gut, auch mal loszulassen. Die Architektinnen als Ordnungshüter sind eben wiederum nur Dienstleister, damit beauftragt, die Dinge, die Städte, die Welt so zu ordnen, dass ihre Auftraggeber am Ende gut dastehen.

Gutzmer: Richtig ist auf jeden Fall, dass auch die moderne Metropole immer polit-ökonomische Hierarchien abbildet und zugleich reproduziert. Diese Abbildung und Reproduktion kritisierst Du. Mit dieser

Kritik setzt Du Dich natürlich von manchen Helden der Architekturgeschichte ab.

Schneider: Mag sein. Aber ich bleibe dabei: Architektinnen, die ihre Rolle darin sehen, Hierarchien zu reproduzieren, agieren selbstvergessen und anmaßend zugleich. Sie sind einerseits bloße Erfüllungsgehilfinnen und maßen sich gleichzeitig an, genau zu wissen, was eine „gute" Ordnung ist. Und natürlich ist das auch eine Kritik an Lehrmeistern der Moderne wie Corbusier, der Standards gesetzt hat, die bis heute immer wieder in unterschiedlicher Form umgesetzt werden. Die damals entwickelten Ordnungsprinzipien sind noch immer ein Problem für unsere Stadtplanung heute, etwa die Trennung von Funktionen oder die Idee der auto- und maschinengerechten Stadt. Damals dachte man, dass man mit dieser strukturalistischen Stadtplanung alle gesellschaftlichen Probleme lösen wird. Heute sehen wir, dass das nicht der Fall ist. Daher würde ich dazu raten, vorsichtig mit fundamentalen Setzungen zu sein und sie nicht zu verabsolutieren, ohne zu fragen, warum die jeweils implizierte Ordnung denn gut sein soll. Ich orientiere mich hier an den Prinzipien des niederländischen Architekten und Theoretikers John Habraken: „support and infill". Die Frage muss gestellt werden: Wie viel muss man wirklich absolut setzen, damit die Dinge funktionieren, ohne die Möglichkeit zu begrenzen, dass auch andere gesellschaftliche Prozesse möglich sind und bleiben. Der deutsch-britische Architekt Walter Segal entwickelte ein Prinzip, nach dem wir das Verhältnis von Setzung und freiem Raum immer wieder neu zu bestimmen müssen und können. Das ist ein sinnvoller Weg.

Gutzmer: Mit Deiner Forderung bist Du jetzt noch recht nah an der Architektur und Städtebau geblieben. Lässt sich das Plädoyer für die Unordnung nicht auch auf die Gesellschaft als Ganze übertragen? In dem Sinne, dass das Widerständige, das vor allem auch das nicht Planbare nicht mehr von vornherein als Gefahr gesehen wird? Wir leben ja doch in einer total auf Sicherheit bedachten, ja mitunter geradezu panisch ängstlichen Gesellschaft.

Schneider: Du hast Recht. Städtebau und Gesellschaft kann man in diesem Sinn gar nicht trennen. Wir brauchen insgesamt dringend mehr Leichtigkeit. Warum kann man nicht mal darüber nachdenken, an Sonntagen die Ampeln abzuschalten? Wir müssen nicht immer alles kontrollieren. Da sind neue Grundhaltungen nötig, die pädagogisch auch anders vermittelt, vielleicht sogar gefordert werden müssen. Wir brauchen auch andere Lernformen. Manchmal lernt man übrigens auch durch Krisen. In China haben jetzt Schulen durch den Corona-Virus komplett auf digitales Lernen umgeschaltet. Man hatte die Strukturen dafür schon vorher geschaffen, aber durch die Krise wurden sie umgesetzt. Aber: Solche Entscheidungen werden, zumal bei uns, meist nicht auf nationaler Ebene gefällt, sondern regional oder lokal. Da gibt es auch bei uns große Unterschiede in Bezug auf die Flexibilität der Verwaltung. Diese Unterschiede sind gerade in dem Bereich, von dem wir ja ausgingen, der Stadtplanung, besonders evident. Die Stadt Tübingen zum Beispiel realisiert, aus der Ferne betrachtet, eine sehr flexible Stadtentwicklung. Das heißt: Auch bei uns gibt es „best practices". Aber prinzipiell gilt es, möglichst viele unterschiedliche Vorstellungen von Stadt zu integrieren. Und wenn es dabei mal schwierig wird, könnte es ja auch heißen: Steine, die uns in den Weg gelegt werden, verstehen wir als „critical friends". Wenn die Architektur diese Haltung für sich formuliert, und wenn sie die Gesellschaft daran teilhaben lässt, dann würde ich mich tatsächlich Deiner These anschließen: Die Gesellschaft kann von der Haltung der Architektur lernen.

9 Statt eines Nachwortes – Interview mit Tatjana ...

Tatjana Schneider leitet seit 2018 als Professorin das Institut für Geschichte und Theorie der Architektur und Stadt an der TU Braunschweig. Zuvor war sie an der School of Architecture der University of Sheffield in Großbritannien tätig. In Lehre und Forschung befasst sie sich mit den politischen sowie sozio-ökonomischen Prozessen und Mechanismen der Raumproduktion. Dabei interessieren sie vor allem transformative und emanzipatorische Projekte, die sich der Kommodifizierung von räumlichen und sozialen Beziehungen entziehen. Auch der Begriff der Haltung, den sie aber durchaus anders interpretiert als ich, spielt dabei eine zentrale Rolle. Tatjana Schneider ist Autorin und Herausgeberin von zahlreichen Büchern und Artikeln, die sowohl in der Fachpresse wie auch in anderen Medien erschienen sind. In einem von mir mit herausgegebenen Buch mit dem Titel „Architekturkultur" formulierte sie jüngst ein Plädoyer für ein neues Stadtverständnis, das auf der Idee der produktiven Unordnung basiert (Schneider 2019).

Literatur

Schneider, T. (2019). Plädoyer für das Durcheinander. In A. Gutzmer & S. Höglmaier (Hrsg.), *Architekturkultur* (S. 116–131). München: Edition Baumeister.

GPSR Compliance
The European Union's (EU) General Product Safety Regulation (GPSR) is a set of rules that requires consumer products to be safe and our obligations to ensure this.

If you have any concerns about our products, you can contact us on

ProductSafety@springernature.com

In case Publisher is established outside the EU, the EU authorized representative is:

Springer Nature Customer Service Center GmbH
Europaplatz 3
69115 Heidelberg, Germany

www.ingramcontent.com/pod-product-compliance
Lightning Source LLC
LaVergne TN
LVHW020346260326
834688LV00045B/1570